창조경영은 창의적 아이디어로부터 출발한다

Creative Thinker를 위한 아이디어 발상법

김상수
윤숙현
김영천

1+6

Problem itself

Different People
Different Idea
Different Problem
Different View
Different Field
Different Thinking

도서출판 청람

| 들어가면서 |

왜 창조경영인가?

경영환경 변화에 따라서 상상력과 창의성을 기반으로 한 창조경영이 기업의 생존과 성장의 핵심 화두가 되어가고 있다. 창의성과 상상력을 기반으로 하는 창조경영은 새로운 주제나 이슈가 아니라 인류의 사회와 문명의 발전의 원동력이고, 기업 성장의 원천이자 동인(driving force)이었다.

특히 최근에 창의성을 기반으로 하는 창조경영이 새롭게 각광을 받는 이유는 크게 5개의 trend로 요약될 수 있다. 첫째, 우리가 살고 있는 사회가 농업-산업-정보사회에서 감성, 문화, 개성 기반의 창조사회로 이동하고 있기 때문이다. 둘째, 기업들의 경쟁 방법에서 원가 및 기술 요소에 창의성이라는 요소가 추가되고 있기 때문이다. 셋째, 기업 및 산업 간 경쟁이 첨예화됨에 따라서 독점적 가치를 창출할 수 있는 창의적 제품과 서비스에 기반한 신성장 동력이 절실하게 필요하게 되었다. 넷째, 급격한 경영환경 변화 속에서 생존하고 성장하기 위해서 선제적이고 창조적인 변화와 혁신이 필요기 때문이다. 다섯째, 국내 기업들이 세계 선두 기업이 되면서 모방 및 catch up 전략이 아닌 새로움을 창출할 수 있는 창조적인 전략이 필요하기 때문이다.

앞으로 우리가 살고 있는 사회가 어떤 방향으로 어떤 모습으로 변화할지를 정확하게 예측하기는 힘들다. 그러나 분명한 사실 중 하나는 미래 사회는 더욱 빠르게 변화하고, 더욱 복잡해지고, 더욱 융합화되고, 더욱 지능화되고, 더욱 다양화될 것이다. 이 같은 사회 변화에 따라서 기업의 경영환경도 혁명적 수준으로 급격하게 변화하고 있다. 급격한 경영환경 변화 속에서 기업들이 생존하고 성장하기 위해서 창조적 혁신을 해야 하는데, 창조적 혁신의 핵심 동력은 기업 임직원들의 창의성과 창의적 문제해결 능력이다.

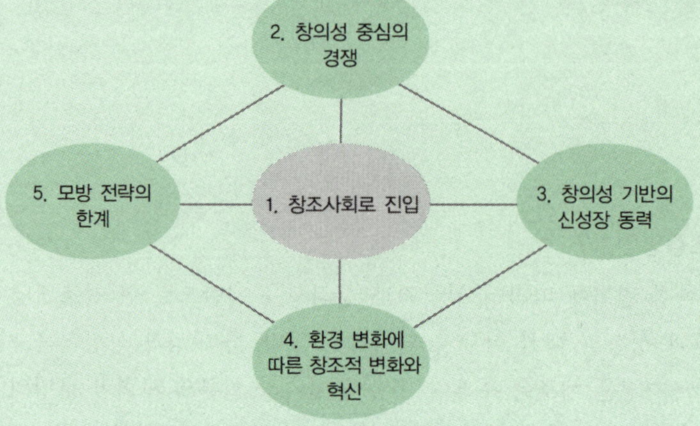

창조 경영의 Trend

창조경영을 추진하기 위한 창의적 문제해결 방법론은 무엇인가?

기업과 사회에서 창의성 및 창의적 문제해결 능력을 갖춘 인재를 원하고 있으나 이에 대한 교육 프로그램 및 콘텐츠는 상대적으로 부족하다. 필자는 지난 십 년간 기업 현장에 적합한 창의적 문제해결 방법론을 연구해 왔다. 기존의 많은 학자들과 컨설팅 회사에서 개발한 창의적 문제해결 방법론을 비교 분석해 본 결과, 각자 나름대로 장점과 단점들을 가지고 있었다. 또한 창의적 문제해결을 위한 기법 250여 개를 분석해서 이들의 공통점과 차이점을 분석해 보았다. 그 결과, 기업의 경영자와 관리자들이 경영활동 과정에서 부딪히는 다양한 문제들과 기회들을 체계적으로 해결할 수 있는 방법론이 필요하다고 보고, 창의적 문제해결 방법론인 Biz-Solver를 개발하였다.

Biz-Solver 방법론은 기업의 복잡한 문제를 해결하기 위해서는 문제해결의 모든 단계에서 전문성, 합리성, 창의성이 융합되어야 한다고 보고, 창의적 문제해결 과정을 문제와 기회의 탐색, 문제와 기회의 특성 분석, 문제와 기회의 결정, 창의적 아이디어 개발, 아이디어의 결과 추정, 아이디어의 평가와 선택, 아이디어 실행의 7단계로 분류하였다. 또한 Biz-Solver 방법론에서는 창의적 문제해결 이론과 경영학 이론을 융합시켜서 문제해결과 의사결정의 7단계에서 수행해야 하는 주요 활동들을 체크리스트 형태로 제시하였다. 뿐만 아니라 문제해결과 의사결정의 7단계에서 활용할 수 있는 문제해결 기법들을 체계적으로 제시하였다.

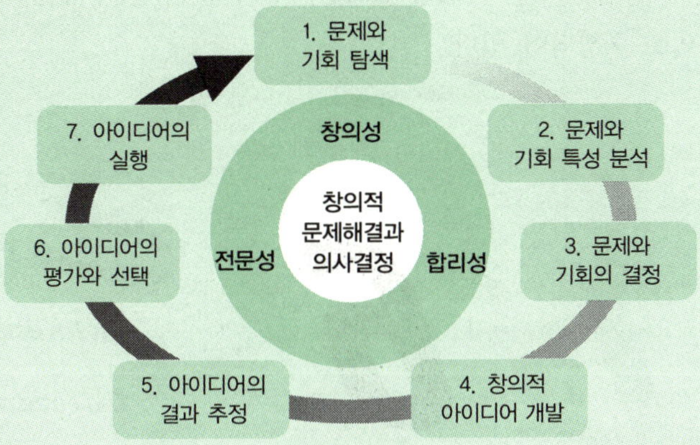

창의적 문제해결 방법론: Biz-Solver

창의적 아이디어를 체계적으로 어떻게 개발할 것인가?

본 서는 저자가 개발한 창의적 문제해결 방법론 Biz-Solver의 네 번째 단계인 창의적 아이디어 개발 단계에 관한 내용이다. 기업에서 필요한 창의적 아이디어는 기업 현장의 문제를 해결할 수 있도록 실용적이어야 하고, 동시에 경제성을 갖추어야 하고 독창적이 되어야 한다. 뿐만 아니라 기업에서는 창의적 아이디어를 개발할 때 투입되는 시간 및 예산을 고려해야 하는데, 필자는 창의적 아이디어에 관한 교육투자이익률(ROIC: Return On Investment of Creativity)라는 표현을 쓰고자 한다.

기업에서는 막연한 창의적 아이디어 개발 방법이 아니라 체계적으로 아이디어를 만들 필요가 있다. 필자는 창의적 아이디어를 체계적으로 개발하는 방법으로서, 1+6 Different Ways를 제시하고자 한다.

첫 번째 방법은 문제 그 자체에서 아이디어를 개발하는 방법(problem itself), 두 번째 방법은 다른 사람으로부터 아이디어를 구하는 방법(different people), 세 번째 방법은 다른 아이디어로부터 아이디어를 구하는 방법(different idea),

네 번째 방법은 다른 문제로 바꾸어서 아이디어를 구하는 방법(different problem), 다섯 번째 방법은 다른 관점에서 아이디어를 구하는 방법(different view), 여섯 번째 방법은 다른 분야에서 아이디어를 구하는 방법(different field), 일곱 번째 방법은 다른 사고방식으로부터 아이디어를 구하는 방법(different thinking)으로 구성되어 있다.

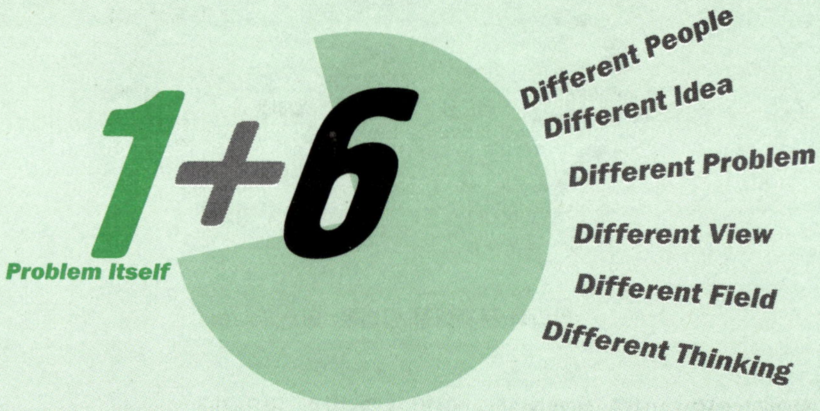

1+6 Different Ways

| 감사의 말씀 |

본 서의 기초가 되는 창의적 문제해결과 의사결정(청람, 2011년)은 필자와 김영천 연구원이 함께 집필하였다. 이 책을 근간으로 윤숙현 연구원이 지난 1년간 독자들이 보다 쉽게 이해할 수 있도록 스토리텔링 형태로 책을 재구성하였다. 항상 웃는 얼굴로 힘든 창작의 고통을 이겨낸 윤숙현 연구원의 노력에 힘찬 박수를 보내고, 이 책을 집필하는 과정에 공부한 지식과 고통이 윤숙현 연구원의 앞길에 도움이 되었음 하는 마음이다. 또 다른 저자인 김영천 군은 학부시절부터 저자와 인연을 맺고, 저자가 설립한 (주)B2L Soft의 책임연구원으로서 지난 6년간 수도승처럼 창의적 문제해결 콘텐츠와 경영 시뮬레이션 게임을 개발하고, 많은 일을 하고 있다. 이들이 본서를 집필하는 과정에서 많은 것을 배우고 성장하였기를 바라며, 세월이 흘러 이 분야의 전문가로 성장하는 데 본서가 성공의 밑거름이 되기를 진심으로 희망한다.

마지막으로, 지난 15년 동안을 경영 시뮬레이션 게임 영역 및 창의적 문제해결 영역에 매달려서 연구하고, 융합형 콘텐츠를 개발하면서 살고 있는 남편에게 불평 한 마디 없이 끊임없는 힘과 사랑을 준 아내 최명옥에게 감사의 마음을 전하고 싶다. 또한 사회인으로 열심히 노력하고 성장하고 있는 큰 딸 지연, 대학생으로 새로운 세상에서 날고자 날개 짓을 하는 둘째 딸 지은에게도 이 책을 통해서 아빠의 사랑이 전해졌으면 한다. 마지막으로, 18년 전에 『경영학원론』을 집필하는 과정에 처음 인연을 맺어서 성실함이 무엇인지, 사람의 인연이 무엇인지를 가르쳐 주시고 계시는 김우겸 전무님이 더욱 건강하시길 빌고 싶다. 또한 새로 인연을 맺어서 벌써 세 권의 책을 만들어 주신 도서출판 청람의 이수영 대표님께 감사의 말씀을 드리고 싶다.

2013년 11월
한 해가 가는 아름다운 늦은 가을
한양대학교 김상수

| 차 례 |

Part 3 | IDEA를 바꾸어 IDEA를 개발하라(Different Idea)

Part 4 | 문제를 바꾸어서 IDEA를 개발하라(Different Problem)

Part 5 | 다른 관점에서 IDEA를 개발하라(Different View)

Part 6 | 다른 분야에서 IDEA를 개발하라(Different Field)

Part 7 | 다른 사고방식으로 IDEA를 개발하라(Different Thinking)

Prologue

자신을 창의적 인재로 브랜딩하라

#1. 가자! 따뜻한 봄날로

갑작스러운 롤모델의 퇴사

여느 때와 같이 평온한 오후, 나른해지는 기분 탓에 창문을 열어서 따뜻한 봄날의 바람을 즐기고 있는 그 사이에 저 멀리 누군가가 내게 손 흔들고 있었다. 다시 바라보니 아무것도 없었고, 졸려서 잠을 깨려고 진한 커피를 꺼내서 컵에 붓고 있을 때, 김영천 팀장이 말을 걸었다.

"윤 과장, 잘 지내? 요즘 무슨 고민 있어?"

"뭐……. 고민은요. 업무가 매일 똑같다는 게 고민인데요."

"그런 게 고민이라면 완전 부러운데, 사실 나 할 말이 있는데…… 이제 회사를 그만둬야 할 것 같아."

"에?? 무슨 일 있으세요? 말도 안 돼요. 팀장님은 앞길이 창창하게 트여 있는 AG건강생활의 스타인데? 승진도 하시고, 임원도 하셔야 하는데."

"하하하. 공부하고 싶은 것이 생겨서 더 나이 먹기 전에 배움에 힘쓰는 것이 좋을 것이라고 결정 내렸거 든."

"우와, 저와는 생각의 크기가 다르시네요. 전 AG건강생활의 현실이 저의 미래인 것을요. 회사에서 성공을 거두고 인정받고 싶어요."

회사에서 인정받는 유능한 김 팀장은 기발한 아이디어와 뛰어난 추진력으로 맡는 일마다 큰 성공을 거두는 경영기획팀 내에서 신화 같은 존재였다. 나의 8년 직장생활에서 얄미운 상사같이 괴롭히면서 일을 가르쳐주고, 슬플 때는 오빠같이 다독여주신 분이었다. 그런 분이 한마디 말도 없이 갑자기 회사를 떠난다는 깜짝 발표는 사람들을 놀래키기에 충분했다.

"윤 과장에게 하고 싶은 말이 참 많은데, 이제 팀에서 가장 오래되고, 자네만큼 업무에 대해서 잘 아는 사람도 없으니 후임 팀장으로 기대해도 좋을 것 같아."

"아…… 팀장님이 그렇게 칭찬해 주시니 몸 둘 바를 모르겠습니다. 팀장님 몫까지 열심히 일하겠습니다."

내 얼굴은 기대감으로 한껏 밝은 표정을 짓고 있었다. 길고 긴 승진과 과중한 업무를 이겨낸 끝에 이제야 빛을 발할지도 모른다는 생각에 한없이 행복해지는 순간이었다.

승진에 대한 기대로 부푼 주말

여느 날과 같은 토요일 아침이지만, 승진에 대한 기대감으로 즐거운 감정을 숨길 수가 없었다. 이제껏 열심히 일한 나에게 무엇인가를 보상하고, 칭찬해 주어야겠다는 생각이 들었다. 요즘 대두되는 자존감을 강화하는 방법으로 자신이 자신에게 주는 보상을 적극 활용하라는 '슈퍼리더십'의 한

구절을 떠올리며 멋지게 차려입고, 백화점으로 향했다.

신상품을 기준으로 마음에 드는 옷을 고르는데, 딱 한 벌밖에 없는 원피스에 눈이 갔다. 가격이 너무 비싸서 고민하고 있는 찰나에 반대편 어떤 여자가 그 옷이 마음에 들어서 사이즈를 물어보고 있었다. 재빨리 그 옷을 낚아채고 계산대로 가져가서 카드를 꺼내 결제하고 있는데 화가 난 그 여자가 내 앞에 섰다.

"이 옷 제가 먼저 본 건대요. 저한테 양보하시죠?"

어디선가 많이 본 듯한 얼굴인 것 같아서 기억하려고 애쓰고 있었는데, 그녀가 자신을 무시한다며 화를 냈다. 나는 꿋꿋하게 서명을 하고, 판매원은 급하게 종이봉투에 원피스를 넣어주며 그녀에게 설명해 주었다.

"고객님 죄송하지만, 이 분이 먼저 계산하시는 거라서 혹시 다른 옷을 보시는 건 어떨까요?"

그녀의 눈에는 분노가 어른거렸지만 그런 것에 아랑곳하지 않고, 승리했다는 성취감에 들떠서 기분이 더할 나위 없는 행복감에 취해 있는 순간이었다. 문득 이런 생각이 머리를 스쳐지나갔다.

"아…… 차라리 기억이 안 났으면 좋으련만……"

끔찍한 오래된 기억이 나를 괴롭혔다. 그녀의 이름은 조동희, 대학시절 삼송전자 인턴으로 3개월간 파트너로 함께 프로젝트를 진행하였다. 업무 능력보다는 윗사람과 친해지는 능력이 뛰어나고, 일 잘하는 동기가 있으면 험담을 해서 가치 이하의 평가를 받게 하는 처세에 능한 친구였다. 저 무시무시한 아이와 이렇게 조우하다니 즐거운 내 인생에 불길한 기운이 감돌았지만 아름다운 원피스를 보니 적과 싸워서 이겼다는 성취감에 10년 전 설움이 사라지는 것 같았다.

#2. 회사에서 프라다를 입은 악마를 보았다

기대는 항상 실망으로 변한다

어제 백화점에서 산 아름다운 보라색 시폰 원피스와 반짝반짝한 큐빅 수백 개로 멋을 부린 명품가방을 매고, 다른 한 손에는 쓰디쓴 별다방 커피를 든 채 우아하게 부서 입구에 등장했다. 아무도 화려한 나의 패션에 신경 쓰지 않고, 새로운 마케팅 팀장에 대한 인사이동에 관련된 소문을 이야기하는 말소리로 가득 차 있었다. 부서 막내가 인사를 하자 나는 기다렸던 듯이 물어봤다.

"오늘의 이슈는 무엇이지?"

"글쎄요 과장님, 오늘 임명되는 새 팀장이 명문 한국대학교 출신인데다가 경쟁사 P&Z의 경영기획팀 전 팀장이래요."

세상에 저런 말도 안 되는 싸구려 저질 루머가 나돌다니, 부하직원들의 루머를 들으며 의미심장한 표정으로 웃고 있었다.

"사람들이 새로 부임하는 팀장이 나라는 것을 알면 매우 놀랄 텐데, 아직도 카더라 통신이 판을 치는 세상이군. 호호호."

갑자기 회사 막내가 카카오톡 메시지를 읽고는 상기된 표정으로 사내 인트라넷에 공지가 떴다고 소리 내어 말했고, 너도나도 접속하기에 바빴다. 급한 마음에 옆의 강 대리 자리로 한걸음에 달려가서 공지를 읽는 순간 예측과 전혀 다른 결과가 눈앞에 그려져 있었다.

인 사 발 령 문

부서	성명	발령부서	발령내용(직급)	발령일자
	조동희	경영기획	팀장	2012.6
경영기획	윤숙현	창조컨설팅	과장	2012.6
광고/홍보	홍××	경영기획	과장	2012.6

정기 인사에서 상기와 같이 보직(승진) 발령되었음을

알려드립니다.

(주)AG건강생활 대표이사 XXX

생각지도 못한 결과에 눈이 휘둥그레져서 표를 수십 번 바라보고, 혹시 잘못된 것은 아닐까, 인사과에 물어보고, 다양한 방법으로 시도해도 현실을 받아들이기가 힘겨웠다.

"뭐야! 창조컨설팅? 우리 회사에 저런 팀이 있던가? 말도 안 돼. 인사과에서 실수로 잘못 만들었을 거야. 분명 한 칸씩 밀린 것이겠지."

원수는 외나무다리가 아닌 회사에서 만난다

자리에 앉아서 이런저런 생각으로 골똘히 몰입되어 있는데, 본부장님이 새로운 팀장을 데리고 문을 열고 들어왔다. 그 새로운 팀장의 얼굴을 보는 순간 숨이 멎을 것만 같았다. 어제 백화점에서 싸웠던 그 여자가 나를 보면서 입가에 살짝 미소를 머금은 채 웃고 있었다. 그 여자는 뜻 모를 표정으로 나를 쳐다보고 있었고, 온몸에는 식은땀이 비 오듯이 흐르고 있었다.

"여기는 경영기획팀 윤숙현 과장이고, 이쪽은 경쟁사 P&Z 마케팅 팀장이었고, 이번에 회사 경영기획팀 팀장이 된 조동희 팀장이에요. 서로 인사들 하시죠?"

"아…… 우리 구면이지요. 만나서 반가워요, 윤 과장."

"네네…… 만나서 정말로 반갑네요."

"뭐야…… 둘이 아는 사이였어? 그럼 잘되었네. 친절한 윤 과장이 인수인계를 잘해 줄 테니."

"네, 저희가 한때 삼송전자 인턴이었거든요. 우리 윤 과장은 그때 일 잘하고 뛰어난 인턴이었는데 생활용품에는 관심이 적은가 봐? 아직도 승진 못한 것을 보니 호호호."

역시 그녀다운 말투였다. 오랜만에 듣는 그녀의 음성은 여전히 누군가를 내리 깎고, 험담하는 것으로밖에 들리지 않았다.

더 참을 수 없는 일은 동갑내기에 거의 비슷한 수준의 경력을 가졌는데 누구는 팀장이고, 누구는 과장이라는 사실이다. 세상에 이다지도 안타깝고 슬픈 일이 있을까? 그녀를 오랜만에 보고도 반갑다는 말 대신에 도리어 비참한 내 모습만 보게 되니 열심히 일하고 싶은 욕망이 푹 사그라졌다. 아마도 그녀는 예전과 다름없는 모자란 능력으로 여전히 윗사람에게 아부나 떨고, 부하직원이 차려준 밥상에 숟가락만 올리는 그 못된 버릇을 여전히 못 고쳤을 거라고 생각하며 스스로를 위로했다.

#3. Oops! 공포의 외인구단을 만나다

새로운 부서에서 성공을 다짐하다

며칠 동안 행복했던 마음보다 더 큰 배신감으로 짐을 챙기고, 8년 동안 회사에서 한 번도 알지 못한 팀으로 짐을 옮겼다. 창조컨설팅팀은 로열층을 벗어난 회사의 구석 후미진 곳에 존재하는 팀이었다. 불빛도 어두컴컴하고, 인테리어도 마치 '응답하라 1990년'을 대변하는 것 같은 촌스러운 분위기였다. 새로운 팀장을 기다리는 말똥말똥한 3명의 사원들이 앉아 있었고, 하필 그중의 몇몇은 눈에 띄는 회사 내 블랙리스트에 오른 직원들이었다.

"아…… 이 부서가 회사 내에 마파도 같은 버림받은 섬이자, 퇴사의 압력을 직접적으로 받는 곳이구나."

생각을 하면 할수록, 표정은 점점 울상이 되어갔다. 나의 식어버린 열정이 이제는 익숙한 곳마저 떠나가게 만드는 것만 같았다. 하지만 나를 지켜보는 3명의 사람들이 있기에 우울한 기분을 떨쳐버리려 애써 넌지시 웃으면서 말을 했다.

"안녕하세요. 경영기획팀 과장 윤숙현입니다. 이제 창조컨설팅팀의 과장이 되겠군요. 다들 한 명씩 저에게 자기소개를 해주시죠."

팀원의 대부분 딴짓하고, 제대로 쳐다보지도 않고, 건성건성 자기소개를 하는 둥 자신감 없고, 자포자기한 모습까지 보였다. 쳐다보고 있자니 긍정적인 생각마저도 엉망으로 만들어 놓는 것 같았다.

일단 한 명씩 소개를 하자면 덩치 크고, 몸 좋은 저 남자 직원은 다혈질로 유명하고, 열정적이지만 자신의 의견에 고집이 세서 팀 내의 의견 조율에 애를 먹이고 있는 이전에 영업관리팀에 있었던 이지형 대리이다. 그리고 그 옆에서 이 대리의 눈치를 보고, 소심하고 내성적으로 의견을 말하고 있는 사람은 6년째 대리 타이틀을 달고 있는 차성엽 대리이다. 마지막으로 저 옆에서 패션잡지를 보고 있는 여자는 원준희 사원으로 입사한 지 6개월밖에 되지 않았는데 예쁜 얼굴과 애교로 무장해서 회사 총각 대리들 마음을 헤집어놓고, 심지어 여러 건의 업무 사고를 치고도 당당한 태도로 유명해진 신입사원이다. 회사 내의 문제아는 여기 다 모여 있는 것이나 다름없었다.

내일부터 창조컨설팅의 팀장 대행으로 다가올 미래를 걱정해야 하는 것을 잘 알지만 지금까지 회사에 내비쳤던 나의 업적들이 있으니 그렇게 쉽게 뒤처지지 않을 것이라는 확신이 들었다.

"그래 한번 다시 시작해 보자."

내일 어떤 일이 일어날지 알 수 없지만 죽기 아니면 까무러치기라는 강한 도전정신으로 마음을 다잡고 있었다.

생존은 변화로부터 시작한다

승진에서도 멀어지고, 심지어 팀까지 바뀌는 수모를 겪고 나니 사태의 심각성을 깨달았다. 마지막 방법이라 생각하고, 조언을 구하려 김영천 팀장을 찾아갔다. 그는 회사를 그만둔 지 2주밖에 되지 않았지만 벌써 지식전문가로서 박사과정을 준비하고, 여러 가지 원대한 계획을 준비하고 있었다. 나는 그와 반대로 어지러운 상황과 오합지졸인 팀원들로 인한 답답한 속내를 드러냈다.

"팀장님, 창조컨설팅팀이 뭡니까? 블랙리스트에 오른 애들만 잔뜩 있고, 제가 왜 여기에 끼어있는지 모르겠습니다."

"내가 알기로 말이야. 회장님께서 회사의 위급하고, 어려운 문제들을 해결하고, 창조적 혁신과 창조경영을 추진하기 위한 팀이었지. 매번 각 부서의 문제 중에서도 난해한 일들만 모이다 보니, 발령받은 직원들이 들어가기를 회피해서 본래의 취지와는 맞지 않게 강제적으로 사람을 이동시키고, 구조조정이라든가, 무언의 압박을 주고 싶을 때 사용하기 시작하면서 회장님의 취지가 무색해진 거지."

나는 금방이라도 눈물을 쏟을 것 같은 표정으로 이야기했다.

"그럼…… 저 이제 나가라는 말인가요?"

"아니야. 속단하기에는 아직 일러. 자네의 능력을 인정해서 그 팀으로 보낸 거야. 창의적인 아이디어로 문제를 해결하라고."

"네…… 창의적인 아이디어요?"

"이제부터 그 어려운 프로젝트를 해결하려면, 잠재되어 있는 능력을 드러내야 할 텐데…… 이렇게 쉽게 무너지면 안 되네."

"어떤 게 창의성이고, 또 어떤 게 창조경영인가요? 저는 이미 충분히 8년 동안 기획팀에서 문제를 잘 해결하고 잘 처리하고 있었습니다."

"그것만으로 많이 부족할 거야. 지금 새로운 문제를 보라고, 해결하기 쉬운 것 같아 보이나? 창의성의 크기는 서로 다르게 가지고 태어날 수도 있지만, 학습과 이해를 통해서 성장하고, 체계적인 과정을 통해서 아이디어를 생산해 낼 수 있지. 아마 지금 자네에게 필요한 것은 잠재된 창의적인 능력을 키워줄 멘토인 것 같은데?"

"네! 팀장님이 딱 적합한 사람이라고 생각합니다."

"나도 그러면 좋겠지만 아직 내 능력이 그 정도로 뛰어난 게 아니라. 혹시 우리 회사에 '창조경영과 창의적 문제해결'로 강의하러 오셨던 '김상수 교수님' 기억해? 그분을 찾아가 보는 것은 어떨까? 게다가 자네 대학교 은사님 아니신가? 가장 적합한 분인 것 같은데."

"아…… 그 교육 들은 지가 1년도 넘어가고, 학교를 졸업한 지도 10년이나 지났는데. 이제 와서 찾아뵙는다고 무슨 소용이 있겠어요."

"지금 자네가 물불 가릴 때인가? 나라면 도와달라고 바짓가랑이라도 붙잡고 빌어보겠네."

작년에 사내교육으로 2박 3일간 창조경영과 창의적인 사고를 위한 교육을 받은 적 있었다. 그때는 교육의 필요성을 알지 못하고, 밀려오는 피로감에 졸다가 혼도 많이 났었다.

"이럴 줄 알았으면 그때 열심히 공부할 걸……."

게다가 조는 내 모습을 보시고, 회사 초빙 강사로 오신 교수님께서 먼저 내 이름을 불러주셨다. 그리고 부끄럽게도 학부 때도 자주 졸아서 '숙면'이라는 내 이름과 흡사한 별명을 잊지 않고, 기억하고 계셨다.

"이런 기억들이 무슨 소용이람. 바쁘다고 하시면 다 쓸모없는 일인데."

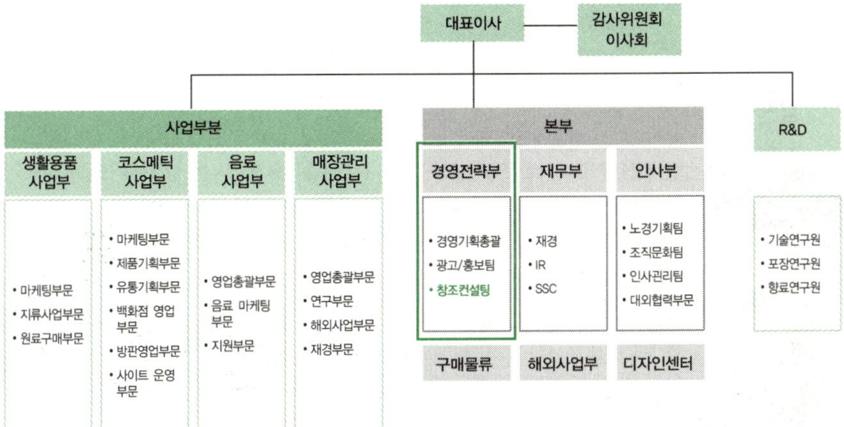

주요 등장인물

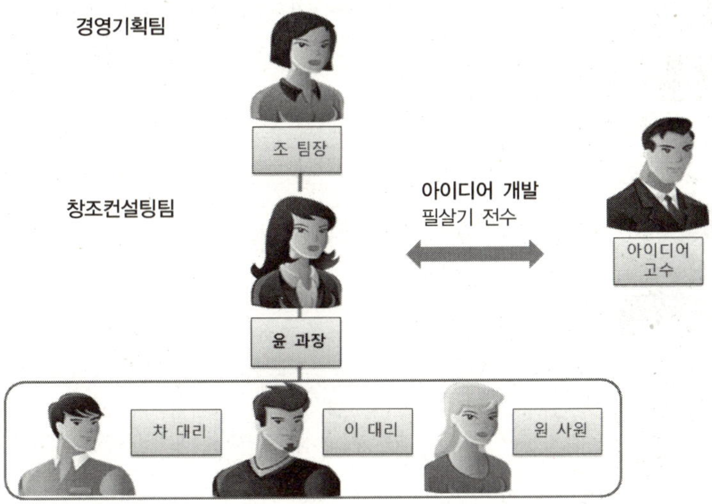

AG건강생활의 조직도

등장인물 소개

김상수 교수

창의적 문제해결과 창조경영 분야를 연구하여 이론화하고, 체계화를 집대성한 고수로 윤숙현 과장이 문제를 해결할 수 있도록 도와주고, 아이디어 개발 훈련을 돕는 멘토 역할을 한다.

윤숙현 과장

AG건강생활 경영기획팀 과장이었으나, 정체된 업무태도와 부진한 성과 때문에 신설 부서인 창조컨설팅으로 좌천된다. 그 후 난공불락의 어려운 프로젝트를 전담해서 맡게 되지만 창의적인 아이디어를 개발하는 필살기를 배워서 문제를 해결해 낸다.

조동희 팀장

20대 초반 윤숙현 과장과 함께 삼송전자 인턴을 함께 지냈으며, 이 둘은 비슷한 수준의 학벌과 능력을 가졌지만 유능한 조동희 팀장은 외국계 생활용품 회사인 P&Z에서 특출한 능력을 발휘해 단시간 승진한 전설의 인물이 된다.
특히 성공을 위해서 물불 안 가리는 성격의 소유자이다.

이지형 대리

학창시절 격투기 선수로 활약했으며, 진취적으로 행동하고, 일을 처리하나 지나친 승부욕과 성급한 결정으로 종종 원하지 않는 결과를 도출하기도 하지만 적극적인 태도와 배움의 의지로 창조컨설팅팀의 문제를 해결해 나간다.

차성엽 대리

6년째 대리타이틀을 달아서 만년 대리로 불리며 화장품사업부의 신제품개발팀에서 경력을 쌓고, 창조컨설팅팀으로 부서를 옮겼으며 승진에 큰 욕심이 없고, 수동적이고, 내성적인 성향의 부하직원이지만 점차 큰 뜻을 가지고 현실을 극복해 나간다.

원준희 사원

미모의 신입사원이며 창조컨설팅팀 내의 마스코트로 활약하며, 넘치는 자신감과 게으름으로 빈번히 실수를 저지르는 눈치 없는 귀염둥이 막내사원이지만 프로젝트를 통해서 점차 성숙한 직원으로 성장해 나간다.

문제 속에서 IDEA를 개발하라

Part 1

CSI : 과학수사대(2001~)

- CSI는 미국에서 방영되고 있는 과학수사 관련 텔레비전 드라마로 범죄 현장에서 증거를 수집하고, 현장을 보존하여 사건을 해결하는 CSI팀에 관련된 이야기이다.
- 사건의 초기에 모든 해결의 실마리가 존재하는 것에 가치를 두고, 집중적으로 초동 수사를 하는 CSI팀처럼 문제 속에서 아이디어를 집중적으로 찾는 방법을 이번 파트에서 배울 수 있다.

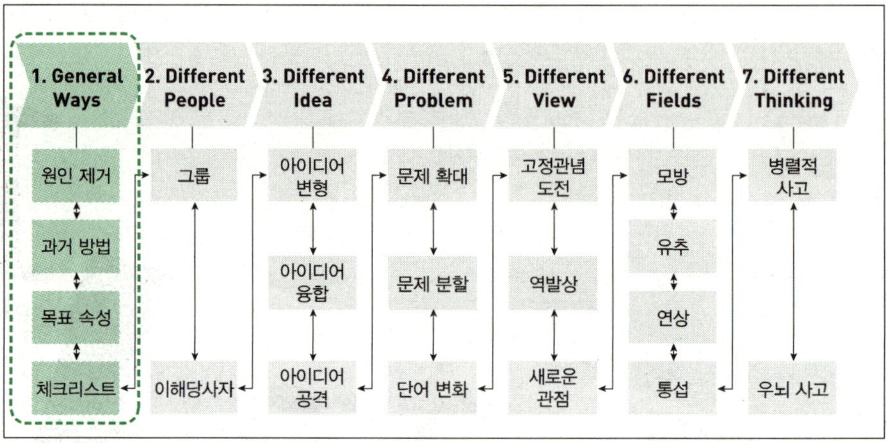

Part 1. 문제 속에서 IDEA를 개발하라(Problem Itself)

Chapter 1. 마케팅전략을 수립하라

#1. 위기 속에서 기회를 찾아라
#2. 프리미엄 화장품의 마케팅전략을 수립하라

Chapter 2. 문제에서 IDEA를 찾아라

#3. 원인을 제거하라
#4. 과거 성공사례에서 아이디어를 찾아라
#5. 문제의 해결 목표를 찾아서 아이디어를 개발하라
#6. 체크리스트를 활용하라

Chapter 3. 지금부터 창조적 혁신을 시작하라

첫 번째 파트 이야기

창조컨설팅팀의 윤 과장은 조 팀장의 계획으로 '**프리미엄 화장품 판매부진**'에 대한 첫 번째 프로젝트를 맡게 되고, 이를 해결하기 위해서 김상수 멘토에게 도움을 요청하는데…….

과연 윤 과장은 멘토의 조언을 통한 창의적인 아이디어로 프로젝트를 해결할 수 있을까?

Chapter 1

마케팅전략을 수립하라

#1. 위기 속에서 기회를 찾아라

창의적인 아이디어는 어디에서 나오는가?

기발한 아이디어를 만드는 방법에 대한 팀장님의 조언은 '창조경영과 창의적 문제해결'을 강의하시는 김 교수님을 찾아가 가르침을 받는 것이었다. 누군가에게 도움을 요청해야 하는 유쾌하지 않은 해결책을 듣고, 찝찝한 마음으로 명함수첩을 뒤적였다. 교육에서 받았던 명함 아랫부분에 '창의적 문제해결 사이트(www.bizsolver.co.kr)' 주소가 적혀 있었다.

사실 '창의'가 무슨 뜻이고, 어떻게 사용해야 하는 것인가에 대한 질문에는 스스로 답하기가 어려웠다. '창의'라는 단어는 매우 추상적이고, 명확한 정의를 내리기 난해한 질문이어서 사이트에서 해답을 찾기 위해 웹페이지의 글을 정독하기에 이르렀다.

"기업의 복잡한 문제를 분석하고, 창의적인 아이디어를 개발하여, 문제를 해결하기 위해서는 창의적 문제해결의 7단계에 대해서 알아야 한다."

그림을 보니 창의적 문제해결의 단계는 기회를 찾아서 아이디어를 개발하는 단계로 이루어져 있었다.

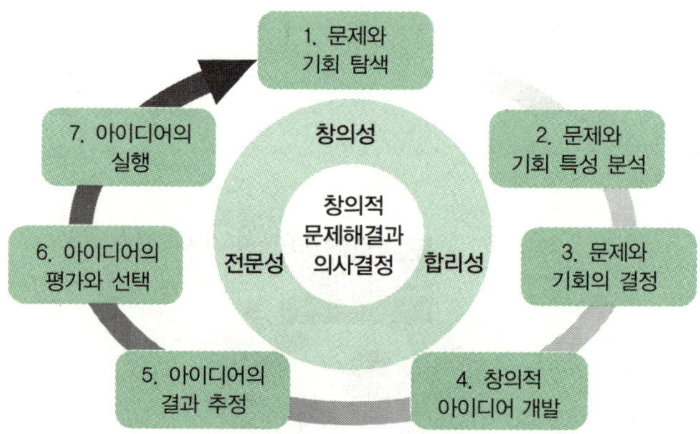

창의적 문제해결의 단계

"이렇게 체계적인 방법으로 창의적인 아이디어를 도출할 수 있다는 것인가?"

하지만 내가 지금 당장 필요한 것은 저 많은 정보 중에서 창의적인 아이디어를 개발하는 과정이었다.

인터넷 검색에서 정보를 얻고, 사이트에 접속해서 이리저리 찾아보다가 창의적 문제해결의 4단계인 '아이디어 개발방법 7ways'라는 목록을 발견했다.

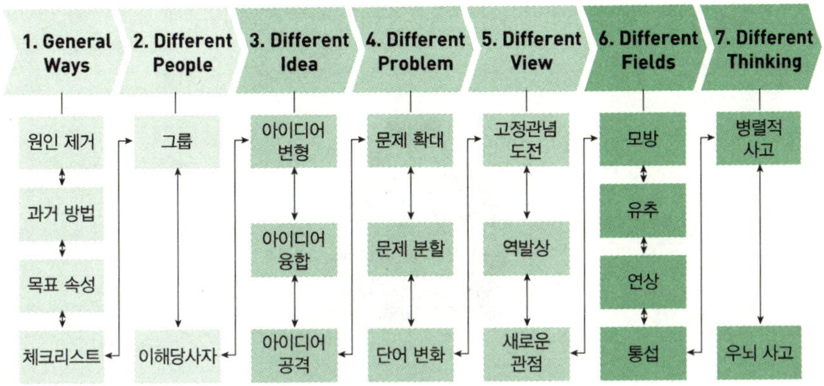

아이디어 개발방법 7ways

그림이 쉽게 이해가 되지 않았다.

"이 방법을 통해서 창의적으로 사고하고, 궁극적으로 새로운 아이디어를 개발하는 힘을 얻을 수 있다는 것인가?"

반신반의한 표정으로 명함을 보고 있으니 한숨이 절로 나왔다.

#2. 프리미엄 화장품의 마케팅전략을 수립하라

사람들마다 보는 관점이 다 다르다

어떻게 창의적인 사람이 되어야 하는지에 대한 고민은 끝이 없지만 아직까지 업무에 적응하고, 처리하는 것에 큰 문제는 없었다. '임원회의'가 있기 전까지 아직은 위기가 아니라고 견실하게 믿고 있었다.

하필 아직 우리 팀에 팀장이 없다 보니 과장인 내가 팀장 대행으로 참석하라는 연락을 받아서 참석을 준비하고 있었다. 솔직히 이렇게 불황인 시기에는 회의 때마다 좋은 일보다는 안 좋은 일로 분위기가 엄숙해지니 임시 팀장이란 직책이 마냥 좋은 것만은 아니었다.

회의장에는 높으신 분들이 자리를 채우고, 연이어 대표이사님이 들어오셨다. 짤막한 인사 후 곧바로 실적 보고가 시작되었고, 생활용품사업부 본부장과 화장품사업부 본부장, 음료사업부 본부장 순서로 발표가 끝이 났다. 보고를 들은 대표이사의 목소리가 들렸다.

"화장품사업부 본부장님, 실적에 대해서 다시 설명해 주세요"

"이…… 이번에 저희 화장품사업은 매출 3,775억 원, 영업이익 520억 원으로 전년 동기 대비 20.8%, 10.4% 증가했고, 국내 화장품 시장점유율 1위를 기록하고 있습니다."

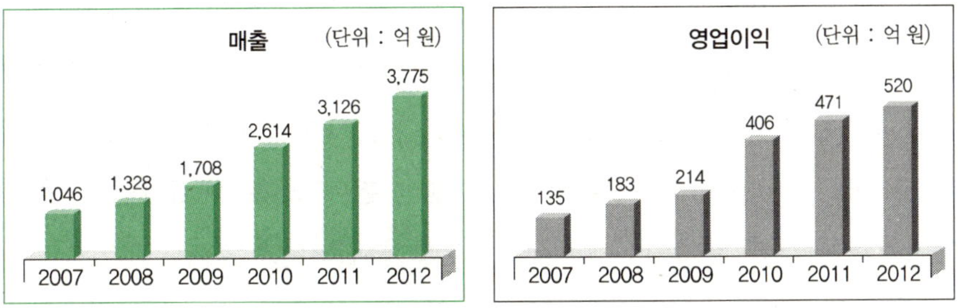

화장품사업부의 매출 및 영업이익

모두 파워포인트 화면을 보면서 의아함을 감출 수 없었다.

"완벽한데…… 왜 불러서 다시 시키는 거지, 칭찬하려는 건가?"

그런 생각이 끝나기도 전에 질문이 나왔다.

"왜 이번 분기 영업이익률에 대해서 심각하게 생각 안 하시죠? 전년 대비 2011년도는 16%였는데 2012년도는 10.4%로 5.6% 하락했는데요?"

"아…… 네, 그렇지만, 하지만 경쟁사들보다 매출이 증가……"

"양적인 측면에서는 잘한 사업이지만 질적인 측면에서는 다소 실망스럽네요. 강 본부장님, 영업이익률이 하락한 이유가 무엇 때문이라고 생각하세요?"

"제 생각에는 내수시장 부진에 따른 화장품사업이 둔화되었기 때문이라고 생각합니다."

"글쎄요…… 최근 통계청에서 발표한 '2012년 대한민국 경제총조사'에 따르면 화장품 제조업의 영업이익률은 17.2%라고 나오는데…… 평균에 비해서 우리 회사가 낮은 것에 대해서는 어떻게 생각하세요?"

회의장 내에는 정적이 흘렀고, 저기 멀리서 조 팀장이 서류를 한참 동안 들여다보다가 손을 들고 말했다.

"아…… 매출에 비해서 영업이익률이 낮은 이유는 보통 할인판매를 자주 한다거나 고객 이탈률이 높거나, 원자재값 상승 등을 꼽을 수 있을 텐데요. 데이터를 보니 고가화장품에서 심각한 적자를 기록했네요. 아무래도 AG건강생활에서 주력으로 미는 제품이 고가화장품인데 불황으로 인해서 판매가 부진한 것으로 보입니다. 고가상품이 전년도만큼 판매가 이루어졌다면 전체 영업이익률이 크게 낮아지진 않았을 것으로 보입니다."

"좋은 지적이에요, 조 팀장. 그런데 타사의 고가브랜드인 '설아수' 라인은 전년 대비 4% 이상의 성장을 하고 있는데 우리 회사만 불황으로 생각하기에 어려운 것 같지 않아요?"

"죄송합니다. 거기까지는 아직…… 한번 조사해 보겠습니다."

피하고 싶은 순간과 또 마주하다

회의는 프리미엄급 화장품의 판매부진에 대한 논의로 끝이 났고, 화장품사업부에 대한 질책으로 다른 부서는 안도의 한숨을 쉴 수 있었다. 자사의 가장 큰 수익을 차지하고 있는 화장품사업에서 이익을 많이 못 냈다고 생각하니 대표이사 입장에서는 답답할 노릇이겠지만, 작년보다 매출이 650억 원 더 늘었으니 생각보다 만족스러운 수준 아닌가? 더 낼 수 있는 것에서 더 많이 못낸 것은 문제이기는 하지만 이런 불황의 시기에는 프리미엄급 제품이 팔릴 리 없다는 것을 알고 계시면서 대표이사는 욕심이 참 많은 것 아닌가 하는 생각을 하고 있는데 정신차려 보니 회의실에 나 혼자 남아 있었고, 어디선가 나를 부르는 소리가 들렸다.

조 팀장이 다급하게 나를 부르고 있었고, 그 옆에 화장품사업부의 이 본부장이 옆에 서 있었다. 그들은 나를 바라보며 이야기를 시작했다.

"경영기획팀에서 봤을 때, 이렇게 중대한 사항은 창조컨설팅팀에 맡겨야 한다고 생각합니다. 윤 과장! 화장품사업부 이 본부장님께 인사드려요."

영문도 모른 채 인사를 드렸고, 화장품사업부의 프리미엄 화장품 수익성 개선 방안에 대해서 연구해 달라는 요청을 하셨다. 나는 창조컨설팅팀의 팀장 대행으로 정중하게 말을 했다.

"조동희 팀장님, 이 프로젝트는 화장품사업부의 마케팅팀에서 실행하는 게 맞는다고 생각하는데요, 저희 팀 업무는 아닌 것 같습니다."

"원래 창조컨설팅팀은 회사 내의 위급하고, 어려운 문제를 돕고, 해결하는 팀이에요. 윤 과장이 경영기획팀에서 8년간 근무했으니 경영기획부분에서는 전문가이고, 이 프로젝트도 소화해 낼 수 있다고 생각해요. 상위 조직인 경영기획팀에서 봤을 때 창조컨설팅팀이 적합한 담당자라고 생각해요. 어떻게 생각해요 윤 과장님?"

"아…… 나를 시험에 들게 하는구나. 이렇게 어렵고 무시무시한 일을 맡기다니."

Chapter 2

문제에서 IDEA를 찾아라

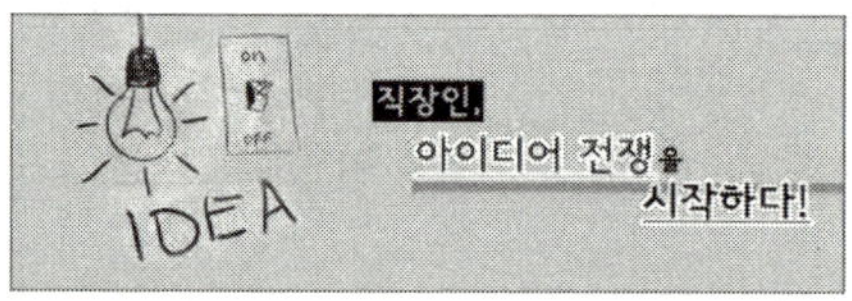

혼돈 속에서 길을 찾다

한 번도 맡아보지 않았던, 지금껏 겪어보지 않았던 새로운 문제에 입이 바짝 말랐다. 긴급하게 팀 회의를 소집하고, 어떠한 방법을 낼 것인가에 대해서 머리를 맞대고 고민했다.

하지만 우리의 모습은 1990년대에나 실행했을 법한 의견 몇 개 제출하고, 거수로 결정하는 등 주먹구구식이었다. 아이디어를 내는 것인지 문제를 분석하는 것인지 혼동하기 시작했으며, 양질의 아이디어는 사라진 채 쓸데없는 의견에 시간을 흘려보내고 있었다. 하는 일 없이 하루 일과를 보내고, 모두들 지친 표정으로 간절히 퇴근을 바라는 눈치였다.

팀원들에게 신선한 아이디어를 기대하는 것이 무리가 아니었을까? 단순히 수치 보고, 문제가 무엇인지 알아보는 것까지는 이해하겠지만 새로운 대책까지 내놓으라고 하니 점점 미궁 속으로 빠져드는 느낌이 들었다. 체계적인 아이디어 개발법이 절실하게 필요한 순간이었다. 불현듯 내 머릿속에 어떤 생각이 떠올랐다.

"그래! 얼마 전에 사이트에서 봤던 아이디어 개발방법 7way를 이용해 보자. 그 방법을 이용하면 어느 정도 해결할 수 있을 거야."

다시 수첩을 열고, 교수님의 명함에 적힌 주소를 찾아서 사이트에 접속했다.

Step 1 : 문제 속에서 IDEA를 개발하라.

Step 2 : 다른 사람으로부터 IDEA를 개발하라.

Step 3 : IDEA를 바꾸어 IDEA를 개발하라.

Step 4 : 문제를 바꾸어서 IDEA를 개발하라.

Step 5 : 다른 관점에서 IDEA를 개발하라.

Step 6 : 다른 분야에서 IDEA를 개발하라.

Step 7 : 다른 사고방식으로 IDEA를 개발하라.

과연 이 방법만으로 아이디어를 개발할 수 있다는 것인가? 무슨 뜻인지 감이 오는데, 추상적인 생각만 떠오를 뿐 충분히 이해가 가지 않아 고민하고 있었다.

"도저히 내 방식만으로는 안 되겠어. 부끄러운 과거는 잊고, 교수님께 전화를 걸어서 물어보는 거야."

전화기를 들고, 떨리는 마음으로 번호를 눌렀다. 수화기 넘어 근엄한 목소리가 들렸다.

"교수님, 안녕하세요. 저는 AG건강생활의 창조컨설팅 과장 윤숙현입니다. 일전에 '창조경영과 창의적 문제해결' 교육도 들었었고, 대학 때 교수님의 강의도 들었습니다만."

"자네 오랜만이네! 혹시 잠이 많았던 친구 아닌가? 대학 졸업한 지 엊그제 같은데 벌써 한 회사의 과장이 되었구먼. 세월 참 빠르네."

역시 나를 기억하고 계셨다. 과거의 잠이 많던 대학생이 아닌 AG건강생활의 과장 '윤숙현'으로 기발하고, 산뜻한 아이디어를 만들어 낼 수 있게 도움을 달라고, 울며불며 극한 사정을 말하고, 부탁을 드렸다.

걱정과는 달리 교수님은 명쾌하게 도와주시기로 하셨다!

스스로 개선하고 혁신하라

"공부하고 싶다는 사람을 누가 말리겠나? 걱정하지 말게. 그나저나 영업이익률 때문에 대책을 세워야 한다는 것인가? 아니면 프리미엄 화장품 적자를 극복하는 판매 활성화 정책을 세워야 한다는 것인가?"

"제가 제일 궁금한 점이 왜 650억 원이나 흑자를 내고 또 점유율 1위인데도 대표님은 만족을 못하는 것인지. 경쟁 제품이 이벤트성 가격할인이나 묶음 판매로 반짝 잘 팔 수도 있는 것 아닌가요?"

"글쎄, 자네 혹시 성장하는 기업의 비밀 아나? 원래 선두는 일정 궤도에 오르면 성장을 멈추고 정체하게 되는데, 진정한 1등은 거기에 멈추지 않고, 끊임없이 스스로를 혁신해서 시장에서 자신의 위치를 견고하게 만든다네."

"아…… 하긴 계절 따라, 시대에 따라서 제품에 변화를 주는 것은 맞는 말인 것 같아요."

"포장용기를 바꾸고, 제품의 제조과정을 개선함으로써 선두 제품들이 다시 새로운 생명력을 얻게 되는 것이지. 자네 혹시 과자 즐겨먹나?"

"어렸을 때는 즐겨먹었지만, 지금은 새우깡 같은 입에 맞는 제품들만 먹는 것 같습니다. 새로운 제품은 좀 위험이 따르더라고요."

"그래? 1970년대에 처음 출시하여 거의 40여 년이 다 되어가는 새우깡

(1971), 쥬시 후레쉬껌(1972), 에이스크래커(1974), 초코파이(1974) 같은 제품을 두고 한물간 브랜드라고 말하는 사람은 거의 없을 것이네."

"네. 생각해 보니 어렸을 때부터 즐겨먹었는데. 지금 조카와 같이 먹고 있었네요."

"그들은 소비자를 위해 재료와 질감, 맛, 디자인을 끊임없이 개선하여 선두 그룹을 유지하고 있는 결과일세. 자네가 속한 회사도 마찬가지 아닌가?"

"아하…… 그런 거였구나. 우리 회사가 유별난 줄 알았더니."

"이게 바로 사장과 직원의 관점 차이 아니겠나! 경영자의 꿈은 지속가능한 성장을 혁신과 노력을 통해서 끊임없이 발전시켜 나가는 것이네. 참 자네 근래에 서커스 본 적 있나?"

"아니요. 서커스는 옛날에나 즐기는 문화공연이었죠. 요즘은 영화관, 소극장, 놀이시설, 경기장 등 많은 문화시설을 이용하기도 바쁩니다."

"서커스가 사람들의 볼거리로 호황을 누리던 1960~70년대에는 서커스단이 20여 개에 달했던 적도 있었다네. 지금은 모두 사라지고, 마지막 남은 '동춘 서커스'도 어렵게 그 명맥을 이어가고 있지. 하지만 70년 역사를 자랑하는 동춘 서커스가 관객들에게 인기가 없어서 점점 잊혀져 가는 추억의 놀이가 되는 것은 서커스 자체가 이제 낡고 시시해져 한물간 비즈니스 때문이라고 생각하나?"

"생각해 보면 문화생활을 서커스로 한다고 생각하면 촌스럽긴 해요."

"그럼 '태양의 서커스'에 대해서는 알고 있나?"

"네. 한국까지 내한공연 오는 대형 서커스라고 알고 있습니다."

"우리나라에서만 2007년 한 해 동안 '퀴담'이 동원한 관객수는 17만 명을 넘는다네. 당시 서울에 마련된 상설공연장 티켓은 VIP 선물 품목으로 한때

품귀 현상을 빚기도 했다네. 왜 '동춘 서커스'는 촌스럽고, '태양의 서커스'는 세련된 문화산업이 되었을까?"

"꽤 궁금합니다. 그 둘의 차이는 무엇인가요?"

나는 주체할 수 없는 궁금증에 전화 통화에 빠져들고 있었다.

"태양의 서커스는 기존 서커스에 연극과 오페라, 발레 등 다양한 장르를 덧붙여 세련미와 예술성을 강화하고, 높은 가격을 유지하되 스타 광대들이나 동물쇼 등은 아예 배제하고, 각종 요소를 가미해 예술의 결정체를 이룩했다네."

"그래서 '태양의 서커스'는 일반 서커스와 다르다는 생각이 들었군요."

"그렇다네. 혁신은 기존의 껍질을 벗겨 내는 고통을 견뎌야 새로운 껍데기로 바꿀 수 있는 것이네."

문득 머릿속에 세상의 모든 진리들이 살아 숨 쉬는 느낌이 들었다.

"자네 아이디어 개발방법 7단계는 기억하고 있나? 이 문제를 해결하기 위해서 자네는 첫 번째 단계인 문제 속에서 IDEA를 찾아라(Problem Itself)에 대해서 이해하여야 하네. 그 안에 실제 업무에 적용할 수 있는 몇 가지 기법들이 있지. 신입사원 같은 마음으로 하나부터 열까지 꼼꼼하게 기법을 살피고, 견실하게 공부해서 창의적인 아이디어를 도출해 보게나."

#3. 원인을 제거하라

원인으로부터 찾아라

교수님께 기업의 CEO들의 관점에 대한 조언을 듣고 나니 이 모든 상황이 이해되기 시작했다. 아이디어 개발 1단계를 찾고, 구체적인 아이디어를 도출하기 위해서 기법들을 꼼꼼히 읽어보고 있었다.

혁신하기 위해서 이 많은 기법들 중에서 어떤 방법을 사용해서 아이디어를 도출해야 할지 고민이 되었다.

"배가 고프니, 일단 밥부터 먹고 생각해 보자."

팀원을 챙겨서 백반집 정식을 먹다가 문득 조기의 살이 발라진 뼈만 남은 앙상한 모습을 보니 어제 사이트에서 배운 아이디어 개발 필살기가 생각이 났다.

"유레카!!! 인과관계 다이어그램 기법!!!!"

아이디어 개발 필살기 1 인과관계 다이어그램

인과관계 다이어그램(Cause-Effect Diagram)은 문제를 세분화해 가면서 문제의 원인과 대안을 찾을 수 있는 기법이다. 이 기법은 구조가 생선의 머리와 뼈처럼 보이기 때문에 Fish Bone Diagram으로 알려져 있으며, 품질관리 분야에 널리 이용되어 왔다.

1. 문제의 정의 : 해결하고자 하는 문제를 정확하게 정의한다.
2. 문제의 주요한 원인 탐색 : 문제와 관련된 주요 원인들을 찾아낸다.
3. 아이디어 개발 : 문제의 세부 원인을 찾아내고, 극복하기 위한 아이디어를 개발한다.

순간 떠올린 기억에 해답을 찾을 수 있다는 희망으로 창피한 것도 모르고 입안 가득 밥을 넣으며 미소를 지었다. 문제의 정확한 원인을 파악해서 대책을 찾기에 이보다 더 좋은 방법은 없다고 생각했다.

여러 명의 팀원들이 참여한 대화를 이용한 브레인스토밍 방법을 이용하면 복잡한 문제의 원인과 해결방안을 더욱 쉽게 찾을 수 있다고 생각하니 콧바람이 절로 나왔다.

"오늘 저녁은 내가 사기로 하지!!! 우리 맛있는 커피 한 잔 사서 들어가서 짤막한 회의 하나 하는 거 어때?"

공짜라는 말에 화색이 돌던 직원들이 회의라는 말에 다시 어두워지는 모습이었다.

기발한 아이디어가 생선뼈에서부터 나오다

우리는 맛있는 저녁을 먹고, 소회의실에 모여서 브레인스토밍을 통해 문제를 분석하고 있었다.

"우리가 해결해야 할 문제는 무엇일까?"

"화장품부서의 영업이익률 높이기요."

이 대리가 웃으면서 기본적인 것을 물어보냐는 눈빛으로 대답했다.

"그럼 대처는 어떻게 해야 하지?"

"그냥 화장품영업부서 찾아가서 많이 팔라고 말하면 되지 않나?"

"굉장히 뛰어난 답변이었어. 그렇게 보고하면 우리 팀은 회사 내에서 얼굴도 못 들고 다닐 거야. 그런 거 말고 다른 해결책 없어? 원 사원, 뭐 다른 생각 없어?"

"과장님, 제 생각에는 영업팀 수당 올려주면 많이 팔지 않을까요?"

"비슷한 답변이구나. 일단 문제를 좀 명확하게 생각해 보자. 우리가 풀어야 할 문제가 뭘까? 화장품사업부 영업이익률 높이기일까? 아님 프리미엄급 화장품의 판매 활성화 정책일까?"

"프리미엄급 화장품의 판매수익을 상승시키면 화장품사업부의 영업이익률이 올라가는 것 아닐까요?"

원 사원의 촌철살인 같은 대답에 다들 칭찬을 아끼지 않았다.

"그럼 프리미엄급 화장품이 왜 판매부진을 겪는지 원인을 찾아보도록 해볼까?"

우리는 화이트보드에 '프리미엄급 화장품의 판매부진'이라고 적었다. 브레인스토밍으로 문제가 되는 키워드를 찾아보고, 큰 분류로 6개(경제환경, 경쟁사, 전략, 광고, 영업, 제품)를 선정했고, 12개의 심각한 문제점을 찾아서 인과관계 다이어그램을 그렸다.

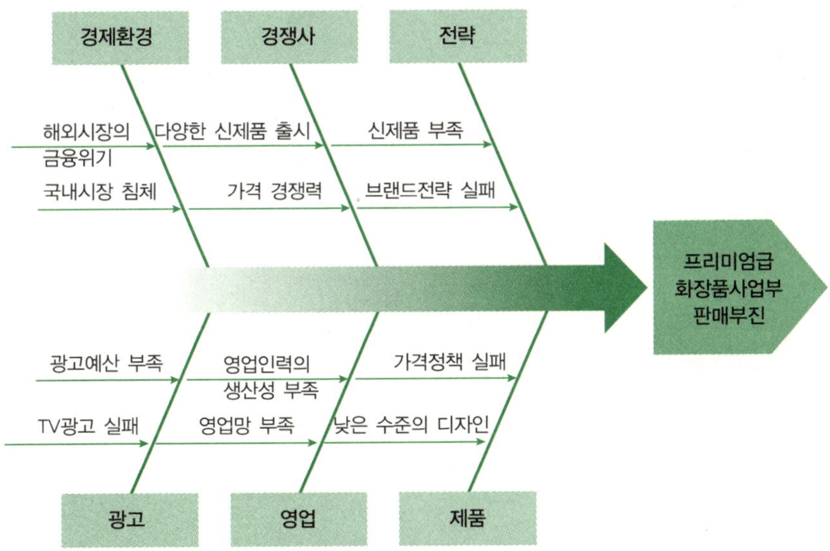

프리미엄 화장품 판매부진 원인 분석

"이 정도면 문제가 명확해진 것 아닌가?"

명확한 문제를 찾으니 명확한 답도 보이기 시작했다. 세 명의 팀원들이 모두 내가 그려놓은 인과관계 다이어그램을 보고, 놀란 표정을 감추지 못했다. 감춰졌던 진실들이 세상 밖으로 드러나는 순간이 이런 것일까?

이 기법을 통해서 그림과 표로 만들어 놓으니 원인을 쉽게 파악하고, 어떤 아이디어를 개발해야 할지 구체적인 방향을 찾을 수 있었다. 획기적인 아이디어는 아닐지라도 아까와 같은 우왕좌왕한 회의태도는 사라지고, 궁극적인 돌파구를 찾는 우리 팀의 진지한 모습이 보였다. 실로 아이디어 개발방법의 힘을 깨닫는 순간이었다.

판매부진 극복 아이디어

- **경제환경** : 소비부진을 극복하기 위해서 가격을 낮춰야 함
- **경쟁사** : 저렴한 가격과 다양한 신제품 출시로 인해 고객 선호도 높임
- **전략** : 신제품 출시에 전념하고, 화장품 라인업을 다양하게 늘림
- **광고** : 광고 예산을 확충하고, 톱클래스의 연예인을 기용하여 고급스러움을 높임
- **영업** : 영업망 확충 및 유통채널 확충하여 판매 접점을 늘림
- **제품** : 경쟁사와 비슷한 가격대와 세련된 디자인으로 고객의 구매욕을 높임

#4. 과거 성공사례에서 아이디어를 찾아라

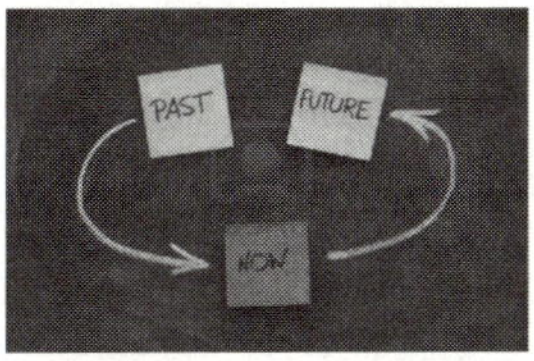

차 대리 트라우마를 극복하라!

"우리가 이렇게 해답을 찾으려고 열심히 뛰어다닌 적이 있었던가?"

"윤 과장님, 대리나 사원일 때는 완전 열정적이었다고 소문이 자자하시던데요~."

"하하하. 내가 그랬나? 그때는 지칠 듯이 일해도 힘든 줄 몰랐어. 무언가 배운다는 기쁨과 내가 진정으로 회사에 필요한 존재라고 느껴졌었거든."

지금 그때로 돌아간 듯 행복으로 내 얼굴에는 미소가 지어졌다. 이렇게 새로운 모험을 하는 것이 즐거웠던가?

한껏 과거에 취해 있던 나를 다시 불러 세워서 문제의 본질로 돌아갔다. 어제부터 우리의 목적은 '프리미엄급 화장품의 판매 활성화전략' 수립이다. 인과관계 다이어그램을 통해서 '왜 프리미엄급 화장품이 판매가 부진한지'를 깨달았고, 어떤 방향의 아이디어가 필요한지 깨달았다. 이제부터는 본격적으로 대안을 찾아야 한다. 어떤 방법을 통해서 수월하고 효율적으로 활성화방안을 찾을 수 있을까 고민하고 있을 때 옆자리에 있던 차성엽 대리와 눈이 마주쳤다. 그는 불안한 표정으로 말했다.

"과장님, 잠깐 시간 괜찮으세요?"

"응, 차 대리 무슨 걱정 있어? 어제부터 얼굴에 근심이 가득인데."

"제가 화장품사업부에서 창조컨설팅팀으로 옮긴 지 1년이 다되었지만,

아직도 화장품사업부 프로젝트가 두려워요. 이번 프로젝트는 저를 제외한 사람들과 함께 진행하시는 게 더 나을 것 같아요."

"뭐 때문에 불편한 건지 말해 줄 수 있겠어? 듣고서 이해되는 부분이면 그렇게 할게요."

"사실 제가 팀에서 방출된 이유는 '신제품개발 프로젝트' 때문인데요. 화장품 신제품개발팀에 있을 때, 마샤의 3,300원 화장품이 한참 인기를 끌고 있었어요. 그 트렌드를 보고, 저는 저가형 화장품에 대한 개발 제안서를 제출했고, 팀장님의 칭찬에 힘입어서 추진하게 되었었죠. 회사에서 효자 브랜드인 '라베라'의 후광을 얻기 위해서 '라베라 블루'로 이름 짓고, 저가 전략으로 디자인 및 광고비용을 제품에 투자하는 방식으로 경쟁사를 그대로 모방했는데 결과는 대실패였습니다.

"'라베라 블루'의 저가 이미지가 히트 상품인 '라베라'에까지 영향을 미쳐서 두 브랜드 모두 판매가 하락하고, 이미지도 엉망이 되었습니다. 결국은 '라베라 블루'는 시장에서 철수해야만 했어요. 그리고 저는 그 책임을 혼자 가져가야 했어요."

"흠. 여러 가지 사례를 조사하고, 적용했으면 좋았을 텐데. 원래 히트상품의 브랜드는 이미지가 중요한데……."

차 대리와 이야기를 하고, 그의 표정을 보니 얼마나 많은 마음고생을 했을까 하는 측은한 마음이 들었다. 과거의 행동이 현재까지 남아서 영향을 미칠 수도 있다는 것에 문제해결의 중요성을 새삼 깨달았다.

다시 생각을 가다듬고, 문제에 집중하려는데 문득 배운 기법 중에서 베스트 프랙티스(Best Practice) 기법이 떠올랐다.

"과거의 방법이 현재에도 영향을 끼친다는 '베스트 프랙티스' 기법을 사용하는 것은 어떨까?"

아이디어 개발 필살기 2 베스트 프랙티스

베스트 프랙티스(Best Practice)란, 과거의 성공사례 또는 실패사례에서 사용되었던 아이디어를 고민하는 문제에 적용시켜 새로운 아이디어를 개발하는 방법이다.

1. **문제의 정의** : 해결하고자 하는 문제를 정의한다.
2. **과거 문제의 해결방안 탐색** : 현재 문제와 동일하거나 비슷한 문제를 찾아내고, 이 문제를 해결했던 과거의 아이디어를 찾아낸다.
3. **현재 문제에 적용** : 과거 문제의 해결방안을 현재의 문제에 적용시켜서 새로운 아이디어를 도출한다.

흔히 기업에서 문제를 해결하기 위한 아이디어를 개발할 때 현재 문제와 유사한 과거 문제를 우선적으로 찾아보게 되는데 이 방식을 이용하면 쉽게 풀 수 있을 것 같았다.

"다들 회의실로 잠깐 모여 볼까? 우리 어제 이어서 나머지 부분도 풀어봐야지?"

"아……. 고달픈 회의시간이구나. 과장님, 어제 같이 오늘도 일찍 끝내주실 거죠?"

"잘하면 일찍 보내줄 테니깐, 칼퇴 해야지? 분발해 보라고, 이 대리."

과거 사례가 성공으로 가는 지름길을 제공하다

먼저 해결하고자 하는 문제를 명확히 하기 위해서 회의실 화이트보드에 '프리미엄급 화장품 판매 활성화방안'이라고 적었다.

그 다음으로 대표적인 성공사례를 선별하기 위해 이 대리에게 우리 회사 화장품 판매 활성화전략 중 대표적 성공사례를 찾아오라고 시켰고, 원 사원에게는 타사의 성공사례를 찾아오라고 지시했다.

얼마 후 둘은 대표적인 사례를 찾아왔다. 이 대리는 메스티지인 '라베라' 제품라인의 성공사례를 찾았으며, 원 사원은 경쟁사의 프리미엄급 제품인

'설아수' 제품라인의 성공사례를 찾아왔다.

우리는 두 가지 사례를 가지고, 광고, 제품, 경쟁사, 영업, 경제 환경, 전략으로 세밀하게 분석해 보았다. 그리고 분석결과를 기반으로 각 전략들을 도출하는 표를 그렸다.

프리미엄급 화장품의 판매 활성화방안

문제의 특성	과거 성공사례		문제에 대한 새로운 아이디어
	자사브랜드 '라베라'	타사브랜드 '설아수'	자사프리미엄 브랜드 '오휴'
전략	• 대학생과 사회초년생을 위한 제품임 • 과일 및 허브향기로 자연주의 화장품을 표방함 • 중저가로 책정해서 다양한 고객층을 수용함	• 30~50대를 주요 고객으로 책정한 제품임 • 한방제품으로 피부를 보호하고, 고급스러움을 강조한 제품임 • 고가로 책정하여 고급스러운 이미지를 보강함	• 20~50대로 고객층을 넓혀서 공략해야 함 • 산삼을 함유하여 피부에 영양을 주는 '건강'을 표현해야 함 • 고객층을 넓히기 위해 중고가로 수정해야 함
제품	〈성분 중시, 다양한 라인업〉 • 화장품 케이스보다 화장품 성분에 중점을 둠 • 다양한 화장품 라인업으로 구성됨	〈케이스 및 성분 모두 프리미엄급〉 • 화장품 케이스에 유명 디자이너의 작품을 사용하고, 성분도 프리미엄 제품으로 사용함 • 제품 종류를 5가지로 한정함	〈프리미엄 성분과 디자인 및 다양한 라인업〉 • 프리미엄급에 맞는 고급스러운 패키지 사용해야 함 • 제품라인업을 다양하게 계획하여 소비자의 선택의 폭을 넓힐 것임
광고	〈신선한 자연주의〉 • 자연주의 화장품을 강조함 • 젊고, 청순한 이미지의 모델을 기용함	〈한방 프리미엄〉 • 한방제품이라는 성분 강조 • 톱클래스 이미지의 모델을 기용함	〈자연주의 한방 프리미엄〉 • 한방과 자연을 융합한 제품으로 피부에 최상의 고급을 표현해야 함 • 건강한 피부를 가진 톱모델 기용해야 함
영업	• 대형마트와 소매점 위주 유통망에서 제공함 • 헬스&뷰티스토어로 유통망 확장 중요함	• 백화점 및 방문판매 전용으로 고급스러움 제공 • 브랜드 가맹점을 통해 고급스러움과 서비스혜택 제공함	• 백화점 및 방문판매 전용으로 유통망을 고정해야 함 • 헬스&뷰티스토어에서 고급 VIP 화장품으로 확장해야 함

"수고했어요. 여러분들이 과거를 꼼꼼하게 잘 조사해 왔기 때문에 새로운 아이디어를 만드는 것이 쉬웠지만, 여기에 차 대리의 과거 경험이 있어서 더욱더 좋은 방법을 찾을 수 있었던 것 같아요."

다들 자신들이 처음 이룬 성과에 놀라움을 감추지 못했다. 우리는 이 괴로운 프로젝트를 해결해 가면서 서로를 자랑스러워하고, 이해하면서 더 가까워지는 계기가 된 것 같다.

이 기법을 통해서 과거 사례를 찾아보고, 독창적이지는 않지만 정직한 모범답안을 도출하고, 이겨낼 수 있는 전략을 세웠다.

사례를 적용할 때 현재 문제와 과거 사례의 트렌드 변화 및 시간 상황에 따른 차이가 있을 수 있으나 분석을 철저하게 했다.

그리고 다른 여러 사례들의 복합적으로 일치하는 요인들을 적용하면 실패 위험을 낮출 수 있다.

이렇게 쉽게 아이디어를 개발할 수 있는지 팀원들은 스스로의 능력에 감탄하고 있었다.

"이렇게 전략을 짜도 좋은지. 화장품사업부와 미팅을 하는 것이 첫 번째 업무겠지."

이 정도면 큰 가닥은 다 잡아놓은 것이나 마찬가지였다. 창의적 아이디어 개발 기법을 쓸 때마다 세상에 가려진 진실들을 알아내는 것 같은, 마치 '해결사'가 된 것 같은 기분이 들었다.

과거 사례를 통한 새로운 아이디어

- **전략** : 건강한 부드러움을 강조하여 전체 연령층에 맞는 대중적 프리미엄 화장품에 적합한 전략으로 수정함
  산삼의 건강함과 고급스러운 이미지를 융합해서 품격을 높임
- **제품** : 가격을 낮춰서 전체 연령층의 판매를 증대시킴
  제품과 용기 디자인을 고급화하여 격조를 높임
  화장품 라인업을 다양하게 늘려서 고객의 기호에 맞춤
- **광고** : 모델과 광고를 제품에 맞게 고급화에 상응하는 내용으로 수정
  건강한 피부를 가진 톱모델을 기용하여 건강한 피부와 톱클래스 이미지라는 두 개의 요소를 확충
- **영업** : 고급스러운 이미지를 위해 백화점 및 대형 할인마트에 VIP코너를 만들어서 별도로 홍보하여 인지도를 높임
  뷰티&헬스스토어까지 유통매장을 확대하여 고객 접점 구역을 확충

#5. 문제의 해결목표를 찾아서 아이디어를 개발하라

조 팀장의 정체는 적군인가? 아군인가?

화장품사업부와의 미팅은 성공적이었다. 전략 시행방안을 세분화하여 알려주었더니 자신들의 생각과 거의 비슷하고, 구체적이라고 말하며 시급하게 Action Plan을 세워보라는 반응이 나왔다.

미팅 분위기의 표정과 반대로 조동희 팀장의 표정은 그리 밝지 않았다. 기회를 뺏긴 듯 억울한 표정인 것이라 믿고, 쾌재를 부르고 있었는데 저 멀리 화장품사업 본부장과 대화하는 소리가 들렸다.

"시간을 얼마 못 드렸는데 원인 분석도 잘된 것 같고, 알찬 전략 시행방안 또한 핵심을 찌르는 문제해결력인 것 같은데요."

"아…… 이런 게 다 팀장 리더십이라고 하지요. 호호호 제가 요점만 찍어서 알려주니깐 영리한 팀원들이 글을 채워서 완성했네요."

"역시 신입팀장님이신데 능력이 출중하십니다!! 오늘은 저희 팀에서 중간 미팅기념으로 회식 한 번 마련했습니다. 다 같이 가시지요?"

팀이 프로젝트를 이유로 야근하고, 회의하고, 철야할 때마다 아이가 아프다며, 친구들 모임이 있다고 그렇게 갖은 이유로 참여를 거부하던 조동희 팀장의 태도를 보면서 근심 있는 표정으로 자리에 앉아 있었다.

팀원들이 찾아와서 힘내라고 건넨 커피로 기운을 차리고, 회의를 소집해서 Action Plan에 대해서 세부적으로 논의를 하는데 지금까지 아이디어 회의에서 많은 전략을 도출해서 도대체 어떤 것을 먼저 실행하고, 나중에 할지에 대한 의견 차이가 나기 시작했다. 서로 답 없는 이야기로 시간만 소모하고 있었다.

"아…… 아무래도 오늘 하루 종일 해도 계속 같은 상황만 되는 것 같은데, 차라리 이럴 때는 일찍 퇴근하고 쉬고 와서 내일 다시 회의하는 게 낫겠어. 다들 어떻게 생각해?"

문제의 속성을 찾아라

다른 기법을 사용해서 해결하겠다는 생각에 다시 교수님께 전화를 걸었다. 여의도에서 교육이 있다는 말에 급하게 가방을 싸고, 커피숍 1층에서 교수님과 오랜만에 조우하였다.

"교수님 오랜만입니다. 며칠 전에 전화로 큰 가르침 주셔서 감사합니다. 교수님 덕분에 프로젝트가 척척 진행되고 있습니다."

웃으며 하는 감사인사로 편하게 차 마시며 대화를 하고 있었다. 그러다가 조심스럽게 오늘 회의시간에 풀지 못했던 문제를 물어보았다. 교수님은 나에게 획기적인 답변을 줄 것이라고 회심의 미소를 지었다.

"그게 궁금하다는 거지. 그렇게 쉽게 답을 줄 수는 없고…… 어떻게 한담. 그럼 내가 자네를 위해서 퀴즈를 하나 내주지."

"네?! 퀴즈라니요. 그냥 쉽게 알려주시면 안 될까요……."

"아이디어 개발 기법을 외우고 있으면 쉽게 풀릴 일인데 노력도 없이 알려고 하면 안 되지. 허허허. 자네는 인생에서 가장 중요한 게 뭐라고 생각하나?"

"글쎄요. 잘 먹고, 잘 자고, 잘사는 거 아닐까요?"

"추상적인 것 말고, 조금 더 구체적으로."

"돈 잘 버는 것이 제 인생에서 가장 중요한 것 같습니다."

"솔직해서 좋구먼, 그럼 목표를 위해서 현재 무엇을 하고 있는가?"

"열심히 회사 다니면서, 능력을 키우고 있습니다. 지금 멘토님을 만나고 있는 것도 제 인생의 중요한 목표를 달성하기 위한 것이라고 볼 수 있지요."

"그래, 그럼 자네 인생에서 1순위는 회사를 오래 다니면서 성과를 내 몸값을 올리는 것이겠구먼. 그럼 아까 말했던 잘 먹고, 잘 자고, 잘 사는 것은 돈 벌면 따라가는 부수적인 목표들 아니겠나? 이만하면 질문에 답은 되겠지? 더 궁금한 사항 있으면 주저 말고, 전화하게."

대화를 마치고, 애매한 질문과 답들 속에서 어렴풋이 떠오르는 속성나열법이라는 다섯 글자가 떠올랐다.

아이디어 개발 필살기 3 **속성나열법**

'**속성나열법**'은 새로운 아이디어를 만들 때 달성하고자 하는 속성을 찾아내고, 도출된 키워드로부터 새로운 아이디어를 개발하는 방법이다.

1. 문제의 설정 : 해결하고자 하는 문제의 목표를 결정한다.
2. 속성의 탐색 : 목표를 달성하는 데 필요한 속성을 찾아내고, 구체적으로 정의한다.
3. 아이디어 개발 : 속성을 달성하기 위한 아이디어를 개발한다.

이번 문제도 쉽게 풀었다는 생각에 회사의 큰 난제를 푼 것 같은 영웅의 마음으로 행복한 표정을 지어 보였다.

"윤 과장님, 뭐 좋은 일 있으세요? 저 오늘 칼퇴하면 안 될까요?"

"일찍 가고 싶으면 회의실로 팀원들 다 모아 봐요. 얼른 처리하고 퇴근하자고, 호호."

화이트보드에 '프리미엄급 화장품의 판매 활성화전략'이라고 적었다.

"오늘 우리 이 대리가 중요한 약속이 있다고 하니, 이번 회의는 자네의 실력을 믿어 보겠네. 지금까지 나온 아이디어 중에서 목표를 달성하는 데 중요한 속성이 무엇일까?"

"저한테 왜 이렇게 어려운 질문을 하세요. 일단 프리미엄급 화장품이니 '고급스러운' 속성 아닐까요?"

프리미엄급 화장품의 매출증대 속성

	주요 속성	새로운 아이디어
1	고급스러운 화장품의 이미지	• 건강하고, 고급스러운 이미지의 모델 기용 • 백화점 및 대형할인마트의 VIP룸에서 판매하는 제품 • 고급스러운 제품 케이스 및 포장 • 중간보다 조금 높은 상위 가격으로 책정
2	피부의 건강을 위한 좋은 재료	• 산삼을 테마로 건강한 피부표현 가능 • 산삼 향을 포장지에 분사하고, 소비자에게 각인 • 자연주의 제품 강조한 패키지로 구성
3	소비자가 접하기 쉬운 제품	타사 대비 확장된 유통망 보유 예정(대형마트 및 드럭스토어 VIP)
4	소비자의 선택 폭 넓힘	기초화장품 종류부터 색조에 이르기까지 다양한 제품군 보유
5	이미지에 맞는 가격대	• 연령을 확대하여 20대부터 50대까지 사용할 수 있는 제품으로 기획 • 중고가 가격대로 고급 이미지와 다양한 연령층에 맞춤

팀원들의 적극적인 회의 참여로 이미지, 건강, 편리, 다양성, 가격이라는 주요 속성을 찾아냈다.

이 기법을 사용하고 보니 세부적인 아이디어를 구체적으로 작성할 수 있었다. 속성을 통해서 꼼꼼하게 새로운 아이디어를 도출하고, 팀원들의 회의를 통해서 새로운 프리미엄 화장품의 전체 모습이 드러났다.

주요 속성을 중심으로 아이디어를 만들다

"이렇게 표로 만들어 놓고 보니, 우리가 지금까지 고민했던 것들이 한눈에 보이는 것 같네. 그럼 반대로 먼저 해야 할 일 말고, 시급하지 않은 일은 어떤 걸까?"

"아무래도 생산라인 작업은 오래 걸릴 것 같으니, 그 부분은 차후 개선하는 것이 옳을 것 같습니다."

"그래, 옳은 말이야. 그 다음에 현실적으로 어려운 부분이 뭘까?"

"광고 부분이 시급하지만 지금 당장 시행하기 어려울 것 같습니다. 광고 제작팀하고, 상의도 해야 하고……."

먼저 해야 할 일을 찾을 때는 모두 다 중요해 보였지만 중요하지 않은 것들을 배제해 보니 오히려 문제가 쉽게 풀려갔다. 나는 화이트보드에 세부목표를 적고, 옆에 우선순위를 체크해 보았다.

프리미엄급 화장품의 매출증대 Action Plan

	세부목표	단기	중장기
1	가격 경쟁력 확보	✓	
2	고급 이미지 모델 기용	✓	
3	제품 디자인 및 패키지 고급화		✓
4	대형마트 및 드럭스토어 판매 확장	✓	
5	화장품 제품군 확대		✓
6	제품의 산삼성분 강화하기		✓

복잡한 문제를 보기 좋게 정리하고, 우선순위로 나열하고 나니 해결책에 한 단계 더 가까이 갔음을 깨달았다. 문제를 해결함으로써 고민과 걱정에서 벗어났고, 서로 자신감을 얻기 시작했다.

#6. 체크리스트를 활용하라

'버킷리스트'를 현실화하라

우리 팀은 지금까지의 회의를 통해서 어떠한 전략으로 고급화장품 제품군의 판매를 활성화시키는지 알아보았고, 또 어떠한 문제를 먼저 해결해야 할지를 깨달았다. 물론 지금까지의 아이디어 도출만으로도 프로젝트에 대한 제안서를 작성할 수 있지만 조금 더 완성도에 기여하기 위해서 아이디어 개발 기법 하나를 더 사용하고 싶은데 어떤 방법이 좋을지 고민하고 있었다.

나른한 오후, 배부르게 점심을 먹어서 그런지 사람들이 한두 명씩 졸기 시작했다. 내 앞자리에 있는 이 대리가 졸고 있는 것을 보니 괴롭히고 싶은 장난끼가 발동했다.

"어이 이 대리, 제안서는 잘 작성하고 있나?"

"예예엣…… 어떤 제안서 말씀이신지?"

"아직도 작성을 안 했단 말이야. 자네 혹시 삶의 목표가 무엇인가?"

"네?! 어떤 것인지 모르겠지만, 제가 의욕이 없어 보이세요?"

"하하하. 아니 잠 깨라고 장난친 거야. 궁금해서 그렇긴 한데 자네의 삶의 목표가 무엇인가? 왜 이렇게 열심히 직장생활을 하고, 누구보다 열심히 사는 거지?"

"그것은 타인에게 뒤처지지 않고, 보란 듯이 잘 살아보려고 그러는 거지요."

"자네의 삶의 목표는 그저 다른 이보다 우월하게 사는 건가? 그럼 너무 기준이 애매모호하지 않아?"

여러 이야기들이 교차하는 가운데 갑자기 듣고 있던 원 사원이 말했다.

"과장님, 삶의 목표라는 게 굉장히 거창한 것은 아닌 것 같아요. 저는 어느 순간에는 돈이 전부인 것 같다가도 어느 순간에는 사랑이 전부인 것 같기도 하고, 또 어느 순간에는 건강이 전부인 것도 같아서요. 얼마 전에 김선아 씨가 주연으로 나왔던 드라마 〈여인의 향기〉 속에서 시한부인생인 주인공이 버킷리스트를 작성해서 죽기 전에 꼭 하고 싶은 것 20가지를 실행하면서 행복해하는 장면이 있었는데 그 부분에 대해서 굉장히 공감하거든요. **원하는 일을 실행하다 보면 진정으로 나를 행복하게 하는 그 무엇을 깨닫지 않을까요?"**

"오~ 바로 그거야!! 우리는 죽을 때까지 진정 하고 싶은 일이 무엇인지 모르고 살아가고 있잖아. 스스로 계획적이지 않아서 가끔 원하지 않은 일로 인생을 낭비하기도 하고, 효율적이지 못한 시간을 보내기도 하지. 우리도 이를 적용해서 프로젝트에 리스트를 작성해 보는 것이 어떨까? 프로젝트에서 원하는 결과를 도출하기 위한 꼭 해야 할 일 리스트 말이야."

버킷리스트는 죽기 전에 꼭 해보고 싶은 일과 보고 싶은 것들을 적은 목록을 가리킨다. '죽다'라는 뜻의 속어인 'kick the bucket'으로부터 만들어진 단어로 중세시대 교수형을 시행할 때 목에 올가미를 두르고 뒤집어 놓은 양동이 위에 올라가서 양동이를 걷어참으로써 형을 집행했는데 이로부터 유래된 말이다. 우리가 프로젝트에 실행할 방법은 바로 버킷리스트처럼 죽기 전에 해야 할 일을 만드는 활동리스트와 유사한 체크리스트를 이용해서 실행계획을 수립하는 기법이다.

아이디어 개발 필살기 4 체크리스트

'체크리스트(Check List)'는 아이디어를 실행하는 과정에서 수행해야 할 활동들을 체크리스트로 만들어서 계획을 수립하는 기법이다.

1. **주요 활동 분석** : 아이디어를 실행하는 과정에서 수행해야 하는 활동을 분석한다.
2. **세부 활동 분석** : 주요 활동을 수행하기 위한 세부 활동을 분석한다.
3. **실행계획의 수립** : 주요 활동 및 세부 활동에 대한 실행계획을 수립한다.

"우리 프리미엄급 화장품 판매의 매출증대방안을 수행하기 위한 주요한 활동들은 무엇일까?"

"가격 수정하고, 프리미엄급 이미지 강조하고, 제품군 확대하는 것이 아닐까요?"

"아주 좋은 답변이지만, 우리가 매출증대방안을 누락 없이 작성하려면 단기적으로 상위의 주요 활동들이 뭘까?"

"그렇다면 큰 개념으로 제품개선, 생산개선, 유통망개선…… 또 광고개선, 전략개선 등이 아닐까요?"

"그렇지!! 점점 뛰어난 경지로 성장하는구나, 그럼 한번 Big Picture를 그려볼까?"

대중적 프리미엄 화장품 매출증대 단기적 실행계획

주요 활동	세부 활동	실행계획	check
제품개선	화장품 내용물 개선	• 산삼성분 함유 10% 증대	
		• 산삼향 강화	
		• 현재 5종에서 10종으로 제품군 확장	
	용기 개발	• 용기에 고급 문양 새김	
		• 고급스러운 디자인의 케이스	
	제품 테스트	• 용기 및 포장 테스트	
		• 피부 테스트	
		• 디자인 테스트	

유통망 개선	대형마트 판매	• VIP섹션 개설하여 홍보 및 피부 측정 • 판매 홍보 및 샘플제공	
	드럭스토어 판매	• VIP섹션 개설하여 홍보 및 피부 측정 • 판매 홍보 및 샘플제공	
광고개선	홍보전략 재수립	• 20~50대 여성 소비자를 타깃 • 건강한 이미지의 톱클래스 모델 기용한 광고제작 및 방송 협찬•	
가격개선	가격전략 재수립	권장소비자가격을 10~15% 인하	

이 기법을 통해서 달성하고자 하는 계획을 확인하고, 업무의 효율성을 높일 수 있다. 업무의 확인을 통해 업무 진행 시 문제점과 업무 제반사항의 파악이 용이해졌다.

"그럼 지금까지 나온 기법들을 바탕으로 제안서를 작성해 볼까?"

Chapter 3 지금부터 창조적 혁신을 시작하라

성공은 목표가 아니라 결과다

우리 팀은 필살기를 사용해서 '프리미엄 화장품 판매 활성화방안'에 대한 아이디어를 개발하여 제안서를 도출하였다.

처음 인과관계 다이어그램을 통해서 '왜 프리미엄 화장품의 판매가 부진한가?'에 대한 문제점을 찾아보았고, 그 다음으로 베스트 프랙티스 기법을 통하여 과거 성공적인 사례들을 통해서 나아가야 할 방향에 대해서 전략을 도출해 보았다. 속성나열법을 이용하여 주요 속성을 세분화하고, 목표에 집중할 수 있는 전략을 도출한 뒤 우선순위를 정하였다. 체크리스트를 작성하여 활성화방안을 주요 활동과 세부 활동 실행계획으로 세분화해서 Action Plan까지 작성하였다.

구체적인 필살기 사용법은 여기까지이고, 도출된 컨셉은 '전 연령층이 사용할 수 있는 건강한 프리미엄 화장품'이다. 거기에 맞는 제품, 광고, 유통, 가격이 맞게 아이디어를 도출하였다.

프리미엄 화장품 활성화방안 기법 사용과정

원인 제거	과거사례 분석	목표 속성 달성	체크리스트
문제를 일으킨 원인을 찾고, 이를 해결하기 위한 아이디어를 찾는다.	과거의 성공 및 실패사례를 분석해서 문제를 해결하기 위한 아이디어를 찾는다.	문제를 해결해서 달성하고자 하는 목표를 설정하고, 달성하기 위한 아이디어를 찾는다.	문제를 해결하기 위한 IDEA를 체크 리스트 형태로 나열해서 아이디어를 찾는다.

정해진 기법에 따라서 생각의 지도를 그려보니 생각보다 쉽게 결론을 도출할 수 있었고, 어느 전략보다 완성도 높고, 획기적인 아이디어 개발을 할 수 있었다.

"윤 과장, 프로젝트 제안서는 제출했나?"

"네, 팀장님. 책상 위에 올려두었습니다. 읽어보시면 회의 준비하겠습니다."

드디어 화장품사업부와 경영기획팀 그리고 창조컨설팅팀이 포함된 회의가 열렸고, 나누어준 제안서를 꼼꼼히 훑어보는 화장품사업부 본부장의 눈빛에 진지함이 감돌았다.

"전 연령층이 사용하는 건강한 프리미엄 화장품이라? 너무 추상적인 제품 아닌가요?"

"저희가 조사한 바에 의하면 국내시장 침체를 극복하고, 적자로 치닫고 있는 프리미엄 화장품 시장을 회복시키기 위해서 자연주의 화장품계열인 '더바디샵'이나 '록시땅'과 같은 제품군에 포함되는 것이 좋을 것 같습니다. 용량을 줄이고, 가격을 낮춰서 자주 구매할 수 있도록 구축하며 산삼량을 증가해서 확실한 피부효과를 주고, 다양한 제품 종류로 선택의 폭을 넓혔습니다."

몇 가지의 질문 뒤에 어디 한 군데 손댈 데 없는 깔끔한 기획서라는 칭찬으로 모든 사람들 앞에서 추켜세웠다. 단기적 실행계획을 시급하게 추진했고, 두 달 후 거짓말처럼 프리미엄급 화장품의 판매가 30% 이상 상승해서 적자를 벗어났다.

이번 프로젝트는 좋은 성과뿐만 아니라 기본으로 돌아가는 마음가짐에서부터 다시 공부하는 즐거움을 가져다주었고 노력한 만큼의 성적을 낼 수 있었다.

프로젝트는 신선한 아이디어가 재료인데 교수님을 통해서 익힌 기법으로 인해서 효율적이고, 뛰어난 성과를 낼 수 있었다.

첫 성공은 다른 프로젝트도 잘할 수 있을 거라는 자신감을 불러일으켰고, 나도 이제 조금씩 창의적인 사람에 가까워지고 있음에 대견스러워졌다.

생활의 발견 **김상수 멘토의 필살기를 활용한 사례 찾기** *Part 1. Problem Itself*

'기획+기술+마케팅' 3박자 혁신 제품 훨훨 날았다

세계적인 스마트폰 돌풍을 일으킨 애플사의 아이폰, 현재까지 지구상에서 휴대형게임기 닌텐도 DS만 1억 개 이상 팔리고, 시뮬레이션 게임기 위(Wii)는 5,000만 대를 훌쩍 넘는 판매량을 기록한 닌텐도 게임기. 이들 글로벌 히트상품의 공통분모는 끝없는 혁신과 소비자 만족이다.

1980년대까지 비디오업의 아성을 지켜온 닌텐도는 1990년대 이후 등장한 라이벌 소니와 마이크로소프트의 공세에 밀려 힘겨운 상황에 부딪쳤다. 이후 2002년 새로 부임한 이와타 사토루 사장은 임직원들과 대화를 통해 기술보다는 소비자 중심의 게임만이 해결책이라는 결론에 도달한다. 이를 바탕으로 탄생한 것이 닌텐도DS와 위 게임기다. 닌텐도는 어린이는 물론 어른들도 즐기고 가족이 같이 융합할 수 있는 공간을 제공하는 독특한 게임프로그램으로 짧은 시간에 게임기 시장을 다시 평정했다. 오락이 중심이 돼야 한다는 닌텐도 경영철학과 소비자들의 시각에서 출발한 기술과 마케팅 혁신이 히트상품을 만드는 밑거름이 됐다.

글로벌시장뿐 아니라 국내시장에서도 소비자들이 '혁신의 가치'에 반응하는 현상은 별반 다르지 않다. 삼성경제연구소가 지난해 인터넷 설문조사로 뽑은 2009년 10대 히트상품에는 LED TV, 스마트폰, KT 쿡 등이 이름을 올렸다. 불황 중에서도 혁신상품에 대해서 선택적으로 지갑을 여는 소비자들이 크게 증가하고 있음을 보여준 결과다.

각 기업들과 상품들이 저마다 차별화를 외치며 상품을 앞다퉈 내놓는 경쟁구조 속에서 말 그대로 차별화만으로는 '차별화'되지 않는다. 단순히 다르다는 것만으로는 부족하다. 그 제품을 사용하는 소비자에게 자부심을 주는 제품이 히트칠 수 있다는 뜻이다. 이를 위해서는 기술뿐 아니라 제품기획 단계부터 마케팅까지 모두 소비자를 만족시키는 혁신적인 발상이 필수적이다.

경기침체 등 경영환경이 급격히 변하는 시기는 혁신기업, 혁신제품이 히트를 치는 시기와 맞물린다. 1990년대 말 외환위기 시기에 세계최대 인터넷기업인 구글이 세워졌고 국내에서도 엔씨소프트, 네이버가 각각 1998년, 1999년에 등장해 IT시장을 뒤흔들었다. 애플의 아이팟이 시장에 선을 보인 것도 IT거품이 붕괴된 직후인 2001년이다. 결국 시장환경과 소비자 인식이 바뀌는 시기에 사용자의 만족도를 높이고 끊임없이 변화하는 상품들이 어김없이 새로운 강자로 떠올랐던 셈이다.

자료 : 서울경제 2010. 2. 25

다른 사람으로부터 IDEA를 개발하라

Part 2

도둑들 : The Thieves(2012)

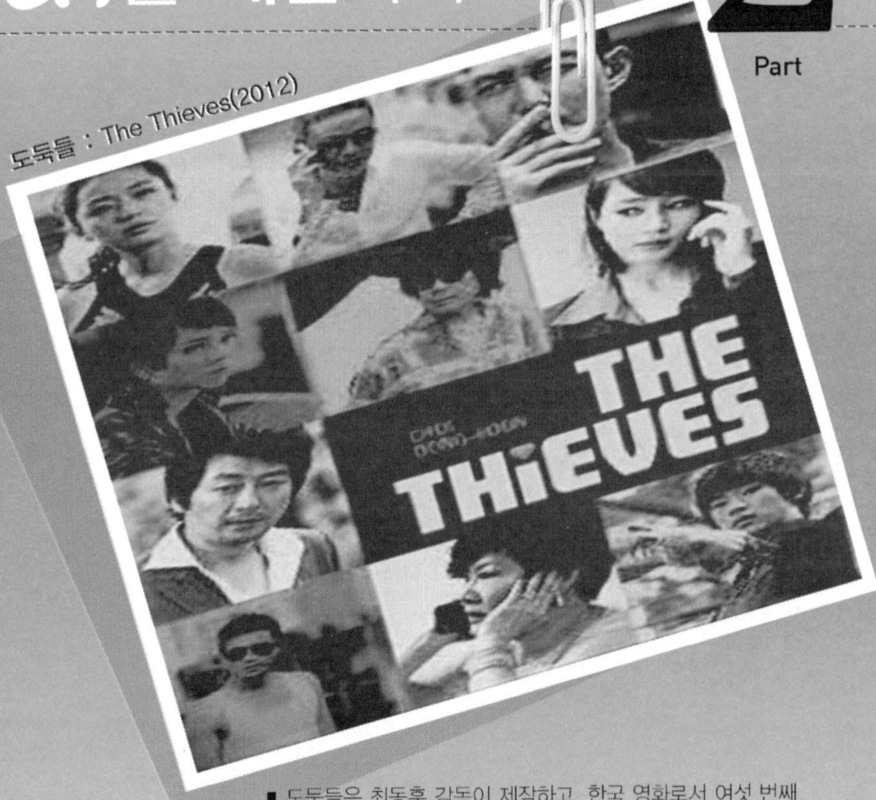

- 도둑들은 최동훈 감독이 제작하고, 한국 영화로서 여섯 번째로 1,000만 관객 돌파를 기록한 영화이다.
- 개성넘치는 열 명의 도둑들이 각자 역할에 맞는 방식으로 카지노에 숨겨진 희대의 다이아 '태양의 눈물'을 훔치는 이야기이다.
- 혼자가 아닌 여러 사람들과 대화나 글쓰기, 역할 분담을 통해 신선한 아이디어를 도출하는 방식을 이번 파트에서 배울 수 있다.

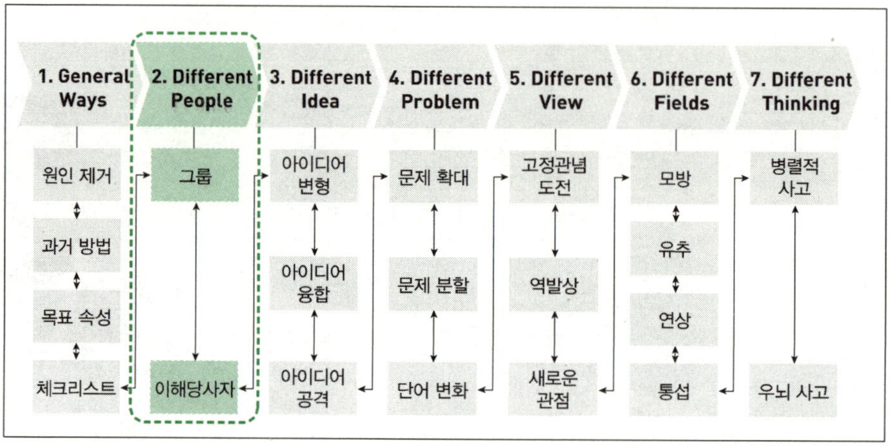

Part 2. 다른 사람으로부터 IDEA를 개발하라(Different People)

Chapter 1. **고객의 목소리에 경청하라**

#1. 소통에 답이 있다

#2. 10대들을 위한 독창적인 프로모션 전략을 수립하라

Chapter 2. **다른 사람으로부터 IDEA를 구하라**

#3. 다른 사람의 생각을 자유롭게 말로 표현하라

#4. 다른 사람의 생각을 글로 표현하라

#5. 핵심그룹에 집중해서 아이디어를 구하라

#6. 다른 사람의 역할을 수행하면서 아이디어를 찾아라

Chapter 3. **소통의 중요성을 알게 되다**

두 번째 파트 이야기

첫 번째 프리미엄 화장품 프로젝트를 성공적으로 해결한 윤 과장은 또 다른 과제에 부딪히게 된다. 이번에는 10대들을 위한 화장품 광고 제작 아이디어 지원을 요청을 받고, 예전과 똑같은 프로모션전략에 일침을 가한다.

이사님은 새로운 전략을 수립하는 프로젝트를 윤 과장에게 맡기는데…….

과연 윤 과장은 이 문제를 슬기롭게 대처하고, 새로운 전략을 수립할 수 있을까?

Chapter 1

고객의 목소리에 경청하라

#1. 소통에 답이 있다

아이돌 스타와 꿈속에서 함께 춤을 추다

윤 과장은 프로젝트 성공 이후 하면 된다는 자신감에 아이디어 개발방법론에 심취해 있었다. 퇴근하고 바로 『창의적 문제해결과 의사결정』 책을 읽기 시작했는데 어느덧 새벽 1시를 넘었다. 몇 시간만 눈 붙이자고 하는 새에 깊은 잠으로 빠져들었다.

알록달록한 꿈나라의 화려한 궁전 안에 저 멀리 잘생긴 왕자님이 나를 바라보며 살인 미소를 짓고 있었다.

"나 여기 있어요." 외치면서 달려가서 가까이 바라보니 요즘 누나들의 우상이라고 불리는 아이돌 그룹 샤니의 '오뉴'였다.

"너의 아름다움의 비결은 무엇이니? 과일을 즐겨먹는 거야? 아니면 성형의 힘?"

"으흠…… 나의 아름다움의 비결은 말이야…… Clean and……"

드디어 전 인류의 비밀을 풀어내려는 사이에 12시를 알리는 종이 치고, 마치 오뉴는 신데렐라가 된 듯이 내 눈앞에 세탁비누를 떨어뜨리고, 어둠 속으로 사라져 버렸다.

살포시 눈을 떠서 알람시계를 바라보니 오전 7시 30분을 지나고 있었다. 무서운 속도로 일어나서 순식간에 준비를 다하고, 급하게 뛰어나와서 문이 닫히는 지하철을 초인적인 힘으로 붙잡아서 어렵사리 탑승하였다. 어디선가 키득키득 웃는 무리들이 보였다. 교복을 입은 고등학생쯤 되어 보이는 여자 아이들이 무리지어서 수다 떨면서 지하철 광고 포스터의 스타를 바라보고 있었다.

"나도 저렇게 어릴 때가 있었는데, 금세 시간이 지나버렸네."

화장하는 10대 소녀들

소리 없이 눈으로만 반짝반짝 대화하고 있는데, 갑자기 요즘 애들의 피부가 맑고 깨끗한 것이 눈에 띄었다. 내가 고등학교 다닐 때는 까맣게 타는 피부와 여드름으로 고생했었는데 요즘 아이들은 하얗고 맑고 깨끗한 것처럼 보였다. 그리고 빨갛게 칠해진 입술을 보니 어린 나이인데도 색조화장품을 사용하고 있는 것으로 보였다.

"화장품을 사용하기에는 너무 이른 것 같긴 한데……. 예뻐지고 싶은 여자의 마음은 나이를 떠나 전체 연령층에 존재하는 것인가?"

생각해 보니 어제 TV방송에서 한 30대 여배우가 '오디오 스타'라는 프로그램에 나와서 아이돌을 좋아한다고 고백했던 장면이 떠올랐다.

아무래도 그 방송을 보고 이런 괴상망측한 꿈을 꾼 것 같다. 하지만 오뉴는 꿈속에서 나에게 무슨 말을 하려 했던 것일까? 깨끗하게 살면 깨끗하고 맑은 동안 피부를 가질 수 있다는 것일까? 쓸데없는 꿈으로 이런 듯 저런 듯 의미를 부여하며 고민하는 사이에 회사에 도착했다.

#2. 10대들을 위한 독창적인 프로모션전략을 수립하라

10대 전용 화장품의 광고는 윤 과장과 상의하세요

꽃미남 아이돌 '오뉴'가 나온 꿈에 대한 이야기는 어제 일인 양 아무 일 없는 웃으며 출근했는데 이 대리가 긴급한 목소리로 나를 불렀다.

"과장님, 조 팀장님이 30분 동안 기다리시다가 화가 나서 자리로 돌아가셨는데요. 아무래도 경영기획팀에 가보셔야 할 것 같아요."

"그래…… 전화라도 한 번 해주지 그랬어. 하필 이런 날에 꿈 따위에 빠져서 연연하고 있었다니."

급하게 찾아간 경영기획팀은 정신없이 바빠 보였고, 저 멀리 부하직원과 대화를 하던 조 팀장은 잔뜩 긴장한 얼굴로 이야기했다.

"오늘 10대 전문 화장품 '안나스비'의 광고촬영이 오후 2시에 있어서 아침부터 정신이 하나도 없네요. 이사님께서 창조컨설팅팀의 가치를 인정하시고, 광고제작 아이디어 지원으로 참여 요청하셨습니다. 아침에 이 사항으로 긴급 회의했고, 본부장님께는 이미 허락받은 사항이니깐 팀원들 데리고, 촬영장으로 오세요."

"네, 알겠습니다. 어찌되었든 제가 늦게 와서 죄송하게 되었습니다. 저와 저희 팀원은 전적으로 참여하겠습니다."

"네, 윤 과장, 팀원들하고 오후 1시까지 촬영장으로 오세요."

조 팀장에게 광고 스토리보드를 받았고, 출력된 광고기획서를 읽어보고 있었다. 오늘 촬영하게 되는 '안나스비' 브랜드는 AG건강생활에서 청소년들과 화장품 연구소가 공동 개발한 10대 전문 화장품으로 기획되었다. 오늘 광고제작을 필두로 야심찬 10대를 위한 화장품의 마케팅전략이 실행되는 순간이었다.

우리는 광고에 쓰이는 의상들과 콘티와 대본을 챙겨서 보고 있다가 몇 가지 의아한 점을 발견했다.

"10대 여자애들 화장품 아니야? 왜 화장품 모델이 남자 아이돌이야?"

"과장님 요즘 성인 화장품 모델로 남자 모델 많이 쓰고 있어요. 아무래도 남자친구를 위해서 더 예뻐지고 싶은 여자의 마음을 잘 헤아려서 그런 것 같아요."

"요즘 애들은 왜 이렇게 예쁜가 했더니 일찍부터 색조화장품에 길들여지는구나."

촬영준비가 완료되었고, 2시가 될 무렵 요즘 잘나가는 아이돌 가수인 샤니가 도착하였다. 광고 멘트는 '끈적임 없이 보송보송한 광채 나는 피부, 내 여자친구의 비밀'이었고, 5명의 미소년들이 10대 소녀를 바라보며 하염없이 흐뭇한 미소를 짓는 광고였다. 그리고 노래에 맞춰서 춤을 추며 BB크림을 손으로 찍어서 여자 모델의 볼에 묻히는 신이었는데 한번의 NG도 없이 프로답게 마무리했다. 우리는 몰입해서 광고가 제작되는 과정을 지켜봤고, 본부장님도 광고를 꽤나 마음에 들어 하시는 눈치였다.

말 한마디에 새로운 프로모션을 위한 프로젝트를 떠안다

"조 팀장, 준비 잘했어! 광고도 멋지게 잘 나왔구먼. 윤 과장, 오늘 광고 촬영 어땠어?"

"훌륭한 광고였습니다. 10대들 취향에 맞는 제품과 그에 어울리는 광고

모델과 분위기까지 아주 완벽했습니다."

"그럼 경쟁사와 견주어서 우리 제품이 잘 팔릴 거라고 생각해요?"

"그건 확신하기 힘들 것 같습니다. 치열할 정도로 많은 화장품 브랜드가 존재하고, 비슷한 컨셉의 광고가 존재하기 때문에 뭔가 다른 방도나 전략이 필요할 것으로 보입니다."

"그래? 아주 좋은 답변이야. 조 팀장, 이 광고 이후에 전략은 어떻게 되지?"

"10대들에게 가깝게 다가가기 위해서 광고를 10대들이 좋아하는 방송인 음악프로와 개그프로 이후에 배치하였습니다.

그리고 샘플을 5만여 개 제작해서 방과 후 학생들에게 나눠주고, 나머지는 화장품 판매 유도용으로 사용할 것입니다.

행사 이벤트로 비비크림 구매 시 응모권을 주고, 쿠폰번호를 홈페이지에 등록하면 추첨을 통해서 샤니와의 팬미팅을 추진하였습니다."

"역시 조 팀장이 신경 써서 잘 하고 있군. 이 정도면 경쟁사와 비교해서 뛰어난 매체전략이라고 생각되는데? 창조컨설팅팀의 윤 과장, 자네 생각은 어떤가?"

"조심스럽지만, 제 생각에는 기존 방식대로 비슷한 것 같아 보입니다. 작년 프로모션하고, 큰 차이가 없는 것 같은데요……."

나의 답변에 조 팀장의 얼굴이 울그락불그락 빨갛게 달아오르는 것을 느꼈지만 무엇인가 부족하다는 나의 생각에는 변함이 없었다.

"그렇지, 윤 과장이 한번 기존의 것에 아이디어를 더해서 새로운 프로모션 전략을 세워 보는 게 어떤가?"

"네, 알겠습니다."

얼떨결에 10대를 위한 프로모션전략에 대한 주제의 프로젝트를 받아오고야 말았다. 같이 따라 나온 팀원들과 조 팀장의 안색이 매우 좋지 않았음을 느꼈고, 이전 방법이 진부하다는 것을 알고 있었지만 도대체 어떻게 해결해야 할지 눈앞이 캄캄해졌다.

Chapter 2

다른 사람으로부터 IDEA를 구하라

새로운 시도는 멘토님의 조언으로부터 시작한다

새로운 광고전략에 대한 아이디어에 지쳐 쓰러질 무렵 김 멘토님이 생각나서 전화기를 들고, 5분 정도 망설이다가 방법은 이것밖에 없다는 생각에 용감하게 멘토님께 전화를 걸었다.

"안녕하세요. 저 AG건강생활의 윤 과장입니다."

"아~ 자네구먼. 그때 그 일은 잘 처리했는가? 사실 나도 자네 일이 무척 궁금했다네."

"네, 멘토님 덕분에 아주 잘 해결되었습니다. 사실 다른 문제가 생겨서 고민이 돼서 이렇게 전화를 했습니다. 제가 폐가 아니라면……"

"괜찮다네, 무슨 일인지 한번 이야기해 보게."

나는 두서없이 오늘 생긴 일에 대해서 이러쿵저러쿵 장황하게 설명을 했다. 멘토님은 한 번의 질문 없이 모든 것을 이해한 듯 대답하셨다.

다른 사람을 통해서 새로운 길을 찾아내는 방법을 깨닫다

"흠. 10대 전용 화장품을 위한 새로운 프로모션전략을 만들어 내야 한다 이거지? 그렇다면 나 말고도 여러 사람에게 물어보는 것이 좋을 것 같네. 10대들에게 물어보는 것도 좋고, 팀원, 친구, 가족 모두 다 자네에게 답을 줄 수 있을 걸세."

"네?! 여론조사라도 하라는 건가요?"

"그것도 좋은 방법이지! 대화를 통해서 길을 찾은 사례 한 가지를 예로 들어주지. 세계적으로 유명한 오픈이노베이션에 대해서 알고 있나?"

"네?! 많은 기업에서 도입하고 있다는 것은 아는데 솔직히 자세히는 잘 모릅니다."

"오픈이노베이션이란 버클리대 헨리 체스브로 교수가 2003년에 제시한 기술혁신전략으로 연구개발의 전 과정을 한 기업이 모두 소유하지 않는 개방형혁신으로 기업 내에서 열린 기술혁신(제품 아이디어와 기술을 외부에서 도입하는 것)과 기업 밖에서 열린 기술혁신(자체 기술을 스스로 사업화하지 않고, 팔거나 분사하는 것)이 있다네,"

"기술혁신에 관련된 용어라 그런지 조금 생소하게 들립니다."

"쉽게 설명해 주지. 예를 들어서 기업의 연구, 개발, 상업화 과정에서 대학이나, 타 기업 및 연구소 등의 외부의 지식을 활용해서 효율성을 높이는 방법인데 지금 자네의 고민도 이와 같은 방법으로 효율적으로 해결할 수 있다는 이야기이네."

"아하, 내부의 의견과 외부 전문가에게 얻은 지식을 활용해서 효율성을 높이라는 말씀이신가요?"

“고인 물은 썩기 마련이라네. 아무리 내부 전문가가 유능하고, 뛰어나다고 해도 새로운 생각이나 기발한 아이디어를 도출하기는 어렵다네, 그럴 때는 다른 누군가의 의견이나 새로운 생각을 가진 사람이 문제해결에 큰 도움이 되기도 하지.

이와 같은 기법이 필요하다면 아이디어 개발방법론 2단계를 충실히 공부해 두는 것이 도움이 될 걸세. 그리고 여러 사람의 의견을 듣고, 아이디어를 도출하는 과정에서 자주 범하는 ‘집단사고의 오류’를 조심하게.”

“집단사고의 오류요?”

“간혹 여러 사람들이 아이디어를 낸 정보를 충분한 분석 및 토론 없이 쉽게 합의하고, 그 대안이 최선이라고 믿고, 합리화하려는 현상을 말하네. ‘피그스만 침공’에 관련된 자료들을 검색해 보게. 그러면 쉽게 이해할 수 있을 거야.”

전화를 끊고, 수없이 많은 생각들이 뇌리를 스쳐갔다. 그리고 내일 어떠한 방법으로 팀원들과 이야기하며 아이디어를 낼지 알면 알수록 고민은 더 깊어졌다.

피그스만 침공이란?

미국 CIA 주도로 미국이 쿠바를 침공하여 실패한 대표적인 사례로서 1960년부터 미국은 CIA를 통하여 이 침공을 계획하고, 자금을 제공하였다. CIA는 쿠바 망명자 1,400명을 훈련시켜 쿠바를 침공했지만 불과 사흘 만에 100명이 죽고, 1,000명이 생포되는 아주 참담한 실패를 경험한다. 1,000명이 넘는 전쟁 포로는 1962년 말 몸값을 받고, 미국으로 송환되었다.
당시 케네디 행정부는 미국 역사상 가장 똑똑한 사람들이 모인 두뇌집단이었다. 하버드대 교수들과 포드자동차 사장, 록펠러재단 이사장 등 당대 쟁쟁한 인재들이 모두 장관이나 참모로 기용되었다. 그러나 이들은 미국 역사상 가장 치졸하고, 수치스러운 군사작전을 승인했고, 참담히 실패했다.

자료 : 밀리언 하우스, 교양인을 위한 지식탐험 중

#3. 다른 사람의 생각을 자유롭게 말로 표현하라

팀원들의 자유로운 생각이 나에게 영감을 주다

어제 광고 촬영했던 장면을 스마트폰에 넣어두고, 광고카피와 스토리보드까지 꼼꼼히 분석해서 보고 있었다.

오늘 회의를 위해서 웹사이트에 확인한 '소통'에 관련된 기법 중에서 가장 기본적인 '브레인스토밍' 기법을 이용해서 팀원들과 커뮤니케이션하고, 새로운 아이디어를 창출해 보는 것을 생각했다.

아이디어 개발 필살기 5 브레인스토밍

'브레인스토밍'은 여러 사람이 자유롭게 창의적인 아이디어를 제시하고, 이를 결합하고 개선해서 많은 아이디어를 만들어 내는 기법이다.

1. **문제의 정의** : 해결하고자 하는 문제를 정확하게 정의한다.
2. **아이디어 도출** : 팀원들이 아이디어의 평가를 하지 않는 상태에서 자유롭게 아이디어를 제시한다.
3. **아이디어 그룹핑 및 아이디어 창출** : 아이디어를 그룹핑한 다음 새로운 아이디어를 개발한다.

충분히 숙지하고, 팀원들과 머리를 맞대서 무수히 많은 아이디어를 만들 생각을 하니 이번 업무도 쉽게 해결될 것 같은 좋은 예감이 들었다. 회의실로 소집하고, 회의를 시작했다. 초반부터 열띤 의견들이 나오기 시작했다.

광고모델 '샤니'의 팬사인회

샘플후기 작성 시 마일리지 증정

광고모델 캐리커처 그리기

팀원들이 회의에 몰입해서 금쪽같은 아이디어를 쏟아내고 있는데, 본부장님이 들어오셨다.

누군가의 시선을 의식하게 되면 말을 조심하게 된다

"창조컨설팅팀에서 어떻게 이 문제를 해결할지 궁금해서 회의에 참석하려고 하는데, 윤 과장 괜찮나?"

"네, 본부장님 환영합니다."

모두들 긴장된 분위기에서 생각과 다른 떨리는 마음으로 다시 주제를 꺼냈다.

"우리 어떻게 해야 '안나스비'를 10대 화장품 시장에서 1등 브랜드로 만들 수 있을까?"

아까의 모습과 반대로 모두 약속이라도 한 듯이 아무런 대답도 하지 않은 채 칠판만 바라보고 있었다. 아무래도 본부장님이 계시니 서로 눈치보고 대답하기 어려워하는 분위기였다. 본부장님께 무엇인가를 보여줘야 한다는 압박감에 팀원들이 이야기를 할 수 있도록 독려했다.

"방금 전까지 열심히 하다가 갑자기 왜 조용한 거지? 꼭 완성적이거나 완벽할 필요는 없으니깐 일단 의견 내봅시다."

우물쭈물하는 차성엽 대리의 표정이 눈에 띄었다.

"차 대리, 괜찮은 아이디어 있어? 화장품과 관련된 모든 다 괜찮아."

"저…… 그게 어제 소품으로 쓰인 화장품 한 박스가 사라졌어요."

"그 놈의 소품은 신경 쓰지 말고, 전략이나 또는 프로모션도 괜찮으니까 다양하게 이야기해 줘요."

아이디어 도출을 하기 위해서 팀원들이 자유롭게 아이디어를 제시할 수 있도록 돕고, 이 과정에서 아이디어에 대한 평가는 하지 않았지만 이런 노력에도 불구하고, 서로 얼굴만 바라본 채 아무런 대답도 하지 않아서 난감해지고 있었다.

"그럼 내가 의견을 하나 낼게. 10대들이 주로 사용하는 인터넷 사이트에 배너광고 어때?"

가만히 있던 차성엽 대리가 웃으며 박수치며 아주 완벽한 아이디어라고 칭찬해 주었다. 그 순간 이지형 대리가 나를 보며 말을 했다.

"윤 과장님, 배너광고는 너무 흔하고, 아마도 기본전략에 포함되어 있을 것 같은데요. 차별화전략하고는 거리가 멀다고 생각이 듭니다."

"그래 이 대리 말이 맞아. 그러니까 아무 의견이나 기탄없이 내줬으면 좋겠어. 이미 기존에 나와 있는 것도 괜찮아."

그 이후로 우리는 여러 가지 의견을 제시하고, 회의를 했지만 본부장님의 시선을 의식했는지 팀원들은 대답하는 것을 피하고, 기발한 아이디어도 없었다.

◉ 광고 및 프로모션 활성화방안

1. 광고모델 '샤니'의 팬사인회로 브랜드 인지도 높임
2. 샘플후기 작성 시 마일리지 증정으로 판매 촉진
3. 광고모델 캐리커처 그리기 대회로 브랜드 홍보효과 높임
4. 인터넷 배너광고를 통해 판매 유도

#4. 다른 사람의 생각을 글로 표현하라

다른 이의 생각을 평가함으로써 새로운 생각의 기회를 놓치다

평소 같으면 무수히 쏟아지는 아이디어를 감당하지 못했을 텐데 살짝 아쉬움이 감돌아서 질문을 바꿔서 다시 시도했다.

"우리 그러면 다르게 생각해 볼까? 내가 주제를 너무 크게 잡았지. 작게 한번 생각해 보자. 그럼 10대를 위한 BB크림 시장에서 '안나스비'가 더 경쟁우위를 가지기 위한 광고에 대한 이야기부터 할까?"

한참을 듣고 있던 이지형 대리가 까칠하게 말문을 열었다.

"광고를 좀 재미있게 찍었으면 여론 형성하기 쉬웠을 텐데, 그냥 10대를 위한다고 무조건 아이돌만 내세우면 되는 건가. 뭔가 아쉽네요."

"유명한 아이돌이 나왔으니 여론이 형성되긴 할 것 같은데, 요즘 많이 쓰는 유튜브를 활용해서 먼저 광고를 내보내는 것 어떨까?"

"그것도 이미 다 하고 있는 것 아닌가요? 이러다가 시중에 나온 모든 광고전략은 다 쓸 것 같아요."

"흠…… '브레인스토밍'은 '슈퍼스타K'처럼 바로바로 평가하고, 가치가 있는지 없는지 선택하는 경연방식이 아니야. 그냥 머릿속에 떠오르는 모든 것을 다 표출하고 난 후에 선택해도 늦지 않으니까."

그렇게 말하고, 십 분간 휴식을 취했다. 본부장님도 계셔서 대화하기 쉬운 분위기도 아니고, 게다가 의견도 거의 없는데 아이디어를 평가하는 태도는 오늘 안에 어떠한 아이디어도 낼 수 없을 것 같았다. 어떻게든 팀원을 설득해서 아이디어를 도출하고, 본부장님께도 우리 팀이 이 문제를 해결해 줄 수 있다는 확신이 들게 만들어야 한다.

메모를 통해서 숨어 있는 2%를 찾아내다

답답한 마음에 김상수 멘토님께 카카오톡으로 문자를 보냈다. 현재 상황과 나의 난감한 지금의 문제를 돌파할 수 있는 힌트를 얻고 싶었다. 교수님은 딱 한 문장을 써서 보내셨다.

"네 생각을 글로 표현하라"

"아니, 힌트를 조금만 더 주시지. 이것 가지고, 뭘 어떻게 하라는 거지. 흑…… 브레인스토밍을 글로 적으라는 것인가……."

의미없는 한마디에 불현듯 브레인스토밍과 유사한 브레인라이팅이 떠올랐다.

아이디어 개발 필살기 6 브레인라이팅

'**브레인라이팅(Brain Writing)**'이란 팀원들이 생각을 글로 써서 내놓고, 발표를 통해서 새로운 아이디어를 개발하는 기법이다.

1. **아이디어 창출** : 구성원들은 빈 카드에 아이디어를 작성한다. 작성 후 카드를 한곳에 모은다.
2. **아이디어 추가** : 구성원들은 한곳에 모아진 카드를 무작위로 선정해서 기존의 아이디어에 새로운 아이디어를 추가한다.
3. **아이디어 그룹핑 및 창출** : 아이디어를 그룹핑한 다음 새로운 아이디어를 개발한다.

쉬는 동안에 창문을 열고, 생각을 가다듬고 나니 기분이 한결 나아졌다. 회의를 다시 시작하고, 브레인라이팅 기법을 사용하기 위해서 해결해야 할 문제의 특성과 목표를 이해하고, 빈 카드에 아이디어를 작성한다. 나는 B4

용지 10장을 가져와서 팀원에게 한 장씩 나누어주었다. 반 강제적으로 과제처럼 작성하게 나눠주고, 해당 주제어의 아이디어를 적어도 3개씩 적도록 했다. 그리고 뭔가 불현듯 생각이 나서 화장품 가게에서 경쟁제품을 사왔고, 우리 제품과 비교하고 사용해 보도록 했다. 경쟁제품은 P&Z의 '클린앤크리닉'과 나모래의 '틴: 클리닉' 패키지부터 가격, 종류까지 경쟁사들은 모두 비슷한 형태를 갖추고 있었다. 모두들 난감한 표정을 지으며 꼭 적어야 하기에 머리를 짜내고 있었다.

10대를 위한 BB크림의 광고 및 홍보전략

아이디어
• 가격을 인하하여 판매한다. • 제품 포장지에 만화캐릭터를 삽입하여 제작한다. • 짧고, 재미있는 광고를 만들어서 유튜브에 올린다. • 트위터를 활용해서 피부에 대한 정보를 제공한다. • 우리 제품의 양이 더 많다는 것을 비교 광고한다. • 블라인드 테스트를 통해서 제품의 월등함을 알린다. • 웹툰으로 만들어서 홍보한다. • 10대들이 주로 가는 팬시점에 화장품을 유통한다. • 연예인의 제품 사용 후기를 제공한다. • 제품의 효능을 제시한다. • 카페나 블로그로 사용 후기 올려서 링크를 걸어둔다.

아이디어의 그룹핑

제품	• 케이스에 만화캐릭터 삽입 • 패키지에 타사 대비 중량 표시
가격	• 가격인하
광고 및 프로모션	• 유튜브 광고 제작 • 비교광고 제작 • 블라인드 테스트 • 홍보 웹툰 제작 • 연예인 사용 후기 제공 • 제품의 성능을 실험으로 비교 • 카페나 블로그에 일반인 사용 후기
유통	• 10대들이 자주 가는 팬시점에 유통 • 학교 앞 일반 소매점 및 편의점에 유통

사람들은 머릿속에 있는 생각을 정리하기 시작했고, 작성된 종이를 모아서 취합해 보니 꽤 좋은 방안들이 있었다.

모아진 카드를 세분화하고, 기존의 아이디어에 새로운 아이디어를 추가한다. 방법에 따라서 우리는 그것들을 4P(가격, 유통, 홍보 및 프로모션, 제품)로 분류해서 세분화시켰다. 나누어서 보니 조금 더 명확하게 아이디어들이 드러났다. 본부장님이 취합된 종이를 읽어보시고, 굉장히 흡족한 표정을 지었다. 우리는 여기서 더 나은 아이디어를 창출하기 위해서 지금까지 나온 생각들 중 실현가능하고, 자사와 구별되는 차이점을 찾기 시작했다.

가격 대비 용량 면에서 우리 제품이 우위를 선점하다

"일단 제품 면에서 보면, 우리가 타사 대비 20ml 더 많은 용량이 들어가거든, 현실적으로 따져보면, 경쟁사 나모래의 제품이 30ml에 11,000원인 반면에 우리 제품은 50ml에 11,000원으로 공시되어 있어. 가격정책으로 봤을 때 굉장히 저렴한 경제적인 제품이네."

"오~ 놀랍지만, 제품 면에서 유리한 위치를 찾아낸 것이나 다름없네요. 그런데 이미 상품패키지는 다 만들어진 상태이고, 광고 포스터도 제작이 끝난 상황이라서 아쉽게도 이 점은 부각시키기 어려울 것 같은데요."

"그런가? 더 좋은 방법 없을까?"

나모래 제품 약 1개 반 이상의 용량이 우리 제품 한 병에 들어가 있는 셈이었다. 돈에 자유롭지 않은 청소년들에 있어서 거의 비슷한 품질의 제품에 용량차이가 이렇게 크다는 것은 10대의 호기심을 자극할 것이라고 생각했다.

"과장님, 혹시 우리 이것을 유튜브 동영상으로 별도 제작하는 것이 어떨까요?"

"유튜브??"

"네, 요즘 기업들이 광고로 많이 이용하고, TV보다 인터넷을 더 즐겨보는 10대들한테 가장 유용한 광고채널 아닐까요?"

모두들 좋은 아이디어라고, 의견을 아끼지 않았다. 게다가 나모래가 저렴하고, 질 좋은 화장품이라는 점을 부각해서 자사브랜드 '틴: 클리닉'을 홍보하는데, 우리 제품은 같은 가격에 더 많은 양을 준다는 것은 사람들의 이목을 집중시킬 수 있는 아주 좋은 기회였다.

"그럼 비교광고 형태로 가는 걸로 하자. 원 사원, 그러면 어떻게 유튜브에 올릴지 스토리보드로 만들어서 가져오고, 우리 제품과 타사의 용량을 비교하고, 게다가 뛰어난 품질이라는 것까지 홍보해 줘요."

우리는 유튜브 비교광고를 중심으로 웹툰 홍보와 일반인과 연예인 사용 후기를 적극적으로 알리는 것으로 결정하고, 앞의 표를 중심으로 본부장님께 결재를 올렸다.

회의가 끝난 후, 본부장님은 우리의 브레인라이팅 작성표와 결정된 사항을 꼼꼼히 확인해 보시고, 흐뭇한 표정을 지으셨다.

"역시 어제 경쟁사 대비 부족하다고 말한 이유가 있었구먼, 이미 경쟁제품을 잘 파악하고, 10대들을 잘 이해한 것 같은데 말이야. 허허허 허허."

"아닙니다. 팀원들이 적극적으로 아이디어를 내주었기 때문입니다."

"조용한 팀원들을 수다쟁이로 만드는 재능을 가진 것 같은데. 똑똑한 팀장 밑에 영리한 사원이 있는 법이니까. 허허허. 그럼 광고팀에 연락해서 스토리보드 나오는 대로 1분 30초 유튜브 광고 만들어 봐요. '노이즈 마케팅'으로 생각할 수도 있는데, 새로운 브랜드를 이슈화만 시켜도 성공한 것이니까."

10대를 위한 BB크림의 광고 및 홍보전략

1. 유튜브 비교광고로 경쟁제품 대비 뛰어난 요소 부각
2. 아이돌 '샤니'를 이용한 웹툰으로 브랜드 홍보 및 충성고객 확보
3. 일반인과 연예인 화장품 사용 후기를 통해서 신뢰도 높임

#5. 핵심그룹에 집중해서 아이디어를 구하라

고객의 생각을 직접 듣다

본부장님의 응원에 힘을 입어서 우리는 스토리보드를 작성하는 것에 대해서 논의를 하다가 이지형 대리가 고개를 갸우뚱하며 나에게 말을 걸었다.

"그런데 과장님, 우리의 생각이 10대들의 생각과도 일치할까요?"

곰곰이 생각해 보니 요즘 청소년들이 용돈이 부족하다고, 양이 많은 제품을 선호할 것이라는 전제가 전체 청소년들의 생각을 대변할 수 있는지 의아해지기 시작했다. 왠지 공감하지 못할 일이라면 크게 이슈화도 되지 못할 터 나는 빠르고 신속한 선택이 필요했다.

"그럼 일단 고객의 소리를 한번 들어보는 것이 좋겠지?"

"네, 여론조사라든가 각종 조사방법을 활용하는 것이 어떨까요?"

"좋은 생각이야. 시간이 촉박하니 소규모 그룹에 집중해서 인터뷰하는 FGI(Focus Group Interview)가 좋겠군.

이 대리, 동영상과 관련된 FGI에 대한 기획서 작성 좀 부탁하고, 차 대리는 리서치회사에 전문가 알아보고, 원 사원은 유명 사이트에 알바 모집 공고 좀 올려줘."

동영상을 제작하기 위해서 검증의 단계가 필요하다는 이유로 본부장님께 결재를 받고, 여자 청소년(13~20세) 총 24명을 인터넷(화장품 커뮤니티와 유명사이트 회원)에서 모집해 리서치 전문가 세 명을 초빙하고, 실제 조사 전 과정을 촬영했다.

간혹 우리는 소비자의 진심을 이해하지 못한 채 프로모션을 구상하거나 마케팅전략을 세운다. 소비자에 대한 부주의가 실패의 한 요인이 되기도 한다.

"왜 소비자는 그런 구매행동을 하는 것인가?", "잠재된 고객의 니즈(needs)를 어떻게 발굴해 낼 것인가?"와 같은 질문들이 광고와 마케팅의 질적 성장을 돕고, 소비자에게 어필하는 요소를 제공한다.

그와 같은 이유로 FGI조사를 선택하였고, 우리가 생각하고 있는 가설이 10대들의 반응과 맞아떨어지면 이 기획은 시장에서 성공할 것이다. 나는 뜻 모를 확신에 웃음이 터져 나오고 있었다.

아이디어 개발 필살기 7 핵심그룹인터뷰(FGI)

'FGI(Focus Group Interview)'란 특정 목적을 위해 준비된 화제를 소수의 그룹이 이야기하는 과정을 관찰하고 분석하는 기법이다.

1. **소개단계** : 조사소개를 통해서 지원자와 친밀감과 상호성을 구축한다.
2. **분위기 조성단계** : 제품에 대한 일반적인 질문으로 대화를 유도한다.
3. **주제 토의단계** : 서술적이고, 구체적인 질문으로 본격적인 토의를 유도하여 지원자들의 생각을 모은다.
4. **마무리단계** : 제품에 대한 지원자의 태도나 반응에 대해서 토의한다.

준비는 신속하고 빠르게 완료되었다. 서울 근교에 회의실 3개를 빌려 지원자 8명씩 한 조를 이루고 1명의 진행자와 2명의 보조 스태프가 배치되었다. 팀원들이 1명씩 흩어져서 조사를 지켜봤다. 진행자는 지원자들에게 친밀감을 개발하기 위해서 아주 기초적인 질문들을 제시함으로써 능숙하게 서로의 대화를 유도해 냈다.

약 10분 동안 지원자들의 스스럼없는 의견 교환이 이루어지고, 참석자들의 불안을 덜어주는 질문과 제품 사용에 대한 일반적인 질문(사용빈도, 선호상표 등)으로 구성되었다.

"여러분 또래집단에서 유행하는 것이 있다면 어떤 것들인가요?"

제품 사용경험 등 매우 구체적이고, 서술적인 문제부터 토의한 뒤에 제품, 이미지, 태도 등 다소 추상적이고, 사고를 요하는 문제를 토의한 뒤 순서를 정했다.

"색조화장품(립스틱, 아이라이너, 파우더 등)을 사용하는 이유가 무엇인가요?"

"그중에서 비비크림을 사용하는 이유는 무엇인가요?"

여러 가지 질문 중에 우리의 귀를 의심하게 하는 답변이 있었다. 의외로 비비크림 사용의 경우 10대 전용을 사용하는 것보다는 엄마나 언니가 사용하는 제품을 같이 쓰거나 어른 전용 제품을 구매해서 사용하는 경우가 더 많았다.

고객들의 이야기를 통한 비교광고로 새 제품의 이점을 알리다

실험맨이 BB크림의 제품명을 공개하지 않고, 각 상품 케이스를 검정테이프로 붙인 제품 3가지를 그릇에 짜내고, A, B, C의 이름을 붙여주었다. 그리고 제품을 테스트하는 과정을 관찰해 보았다. 제품만 사용해 보았을 때 큰 제품의 차이를 느끼지 못했지만 향, 발림성, 커버력 등을 확인한 결과 우리 제품이 근소하게 우세하였고, 정품용량과 가격을 알려주었을 때 고객의 반응은 가히 폭발적이었다. 하지만 저렴한 가격에 용량이 더 많기 때문에 비전문 브랜드가 아닌지 우려하는 이야기가 나와서 국내 3대 메이저 제품을 대상으로 실시하는 것이라고 명시해 주었다.

지금까지 수집된 자료에 대해서 한 번 요약하고, 지원자들의 태도나 반응의 강도에 대해서 토의하였다. FGI의 조사를 끝내고, 조사를 바탕으로 유튜브 제작에 심혈을 기울이며 콘티를 작성하였다.

'10대들의 비밀 : 비비크림 용량의 불편한 진실'이라는 주제로 한 실험자가 나와서 유명 3개사 제품을 접시에다 짜내고, 그 것을 저울에다 재는 형식으로 3개 제품을 비교했다. 그리고는 FGI를 통해서 청소년들이 응답한 실제 장면을 편집하고 삽입해서 사실감을 더했다.

"차 대리, 얼마나 완성되었어? 편집본 들고서 회의실로 가자."

나는 팀원을 이끌고, 의기양양해진 발걸음으로 회의실에 입성하였다. 만들어진 동영상을 경영기획팀과 광고/홍보팀, 창조컨설팅팀이 함께 감상하며, 의견을 조율하였다. 부족한 점은 무엇인지? 더 보완할 점과 우려되는 점까지 한꺼번에 폭풍 질문의 공세가 시작되었다.

핵심그룹인터뷰

1. 10대들의 유행코드(관심사)는 무엇인가?
2. 주로 사용하는 화장품 종류는 어떤 것이 있는가?
3. 왜 BB크림을 사용하는가?
4. 용량, 화장품 패키지, 브랜드에 이르는 전반적인 질문

#6. 다른 사람의 역할을 수행하면서 아이디어를 찾아라

비교광고에 대한 우려를 없애야 한다

"윤 과장, 신중히 생각하고 결정한 일이야? 비교광고는 반발이 심해서 사용하기 힘든 방식인데 너무 생각 없이 일을 처리하는 거 아냐?"

"FGI를 통해서 고객들의 반응을 확인했으니 분명 효과가 있는 방식입니다. 경쟁사에 대한 부분은 차후 논의를 통해서 결정하겠습니다."

오늘 제대로 날을 잡은 것처럼 화내는 조 팀장을 뒤로 하고, 급한 마음에 서둘러 회의를 마쳤다. 이 문제를 어떻게 해결해야 할지 고민이 되기 시작하였다. 분명히 타사와 구별될 특장점을 가진 작품인데 이렇게 좌절해야 하는 걸까? 이글이글 불타오르는 조동희 팀장의 눈빛이 기억났다.

"이번 일이 잘 안 되면, 어떠하든 날 가만히 두지 않을 거야. 그래도 나 혼자 이렇게 고민한다고 답이 나오는 것도 아니고, 잠깐 커피라도 마시러 내려가자."

별다방에 앉아서 창밖을 바라보고 있는데 옆에 새로 생긴 커피숍에 사람들이 무리지어서 줄 서 있는 모습이 포착되었다. 자세히 바라보니 건물 옆 커피숍인데 오늘 오픈 기념으로 꽃미남 배우 소지송 씨가 일일 바리스타로 커피를 판매한다고 적혀 있었다.

"그러고 보니 이 커피숍에 나만 앉아 있었네. 소지송이라…… 나도 그 배우 좋아하는데."

가방을 챙겨서 나가려는데 어디선가 익숙한 목소리가 들렸다.

"설마 초등학생도 아니고, 연예인 보려고, 나가는 건 아니겠지?"

이 익숙한 음성은? 김상수 멘토님이 우연히 옆자리에 앉아서 신문을 읽고 계셨다.

"아뇨, 그럴 리가요? 그러지 않아도 어제 문자는 정말로 감사했습니다. 인사가 늦었어요. 덕분에 문제를 잘 해결했는데……. 염치도 없게 자꾸 문제를 만들고 있네요."

"자네는 옆집 다방의 마케팅전략을 보면 어떤 생각이 드나?"

"글쎄요. 오픈 날인데 저 정도로 많은 인파가 몰려서 커피맛을 즐긴다면, 일단 시작은 성공한 것 같은데요."

"그래? 난 저 소지송이가 너무 불쌍해. 무슨 동물원 원숭이도 아니고, 저렇게 많은 사람들이 자기가 만든 커피맛을 즐기러 오는 거겠어. 그냥 잘생긴 얼굴 보러 오는 거지."

"뭐…… 이유야 어떻든 간에 옆집은 소기의 목적을 달성했으니깐 그에 대한 두둑한 보상을 해주시겠죠."

"그래? 내가 잘생긴 소지송이가 아니니. 결론적으로 알 수 없는 문제이겠구먼……."

순간 머릿속을 스치는 방법이 떠올랐다. 지금 내가 가진 상황을 벗어날 수 있는 아이디어 도출법이 불현듯 스쳐갔다.

"멘토님, 감사합니다. 아직 문제가 뭔지 말도 안 했는데, 저에게 꿰뚫듯이 해결책을 주시는군요."

아이디어 개발 필살기 8 **역할연기법**

역할연기법(Role Playing)은 문제에 관련된 역할을 연기하면서 자유롭게 아이디어를 만들어 내는 창의적인 기법이다.

1. **문제의 정의** : 해결하고자 하는 문제를 정확하게 정의한다.
2. **이해당사자 탐색 및 역할 결정** : 문제와 관련된 역할을 찾아내고, 연기를 수행할 팀원을 결정한다.
3. **아이디어 개발** : 관련 역할을 맡은 팀원은 타인의 입장에서 새로운 아이디어를 개발한다.

사건의 당사자가 되어서 곰곰이 문제를 떠올려보다

급하게 사무실로 돌아가서 팀원들을 소집했다. 아까의 고통을 분담했던 나머지 모두들 기력이 쇠하고, 의욕도 없어 보였다.

"이번 광고건 하나로 브레인스토밍도 열심히 하고, 많은 전략 수집도 발바닥에 땀날 정도로 힘들게 해냈지만, 오늘은 우리 인생에서 가장 많은 생각할 시간을 투자하고 있다고 정의하자. 젊을 때 이런 날도 한번 있어 봐야지.

그래서 말인데, 여러분 '기적의 오디션' 본 적 있지? 아마 한 번쯤은 본 적 있을 거야. 신인 배우들이 나와서 지정된 연기 역할을 하고, 점수 매겨서 우승하는 프로그램 말이야. 이번 회의는 아주 재미있는 놀이를 할 거야. 원준희 사원이 박스를 하나 들고 있는데 우리가 그 박스 안에 있는 종이를 한 장씩 꺼낼 거야. 무엇이 쓰여 있던 오늘 우리는 그 역할을 연기할 거야! '기적의 오디션'의 신입 연기자들처럼!!"

방금 전까지의 밝은 표정은 온데간데없이 갑자기 진지한 표정의 팀원들로 변신하였다.

"과장님, 이건 좀 무리인 것 같은데요? 이렇게 심각할 때 무슨 레크리에이션이에요."

"일단 한번 해보자. 우리가 원하는 답을 이 놀이로부터 찾을 수 있을 테니까."

문제와 관련된 사람들을 찾아내고, 그 역할을 수행할 팀원을 결정하기 위해서 마지못해 한 명씩 역할카드를 뽑았다.

- 윤숙현 과장은 '10대 여고생'
- 원준희 사원은 '10대 부모를 가진 학부모'
- 이지형 대리는 '나모래의 광고팀 과장'
- 차성엽 대리는 '소비자 보호 시민단체 회장'

각자 자리에 앉아 직함이 쓰여 있는 명패를 나누어주고서 함께 TV광고와 유튜브 광고를 감상하였다. 그리고는 자유롭게 대화하도록 역할에 맞는 연기를 내가 먼저 시도해서 보여주었다.

"샤니 오빠들 너무 멋있어요. 용돈 받으면 꼭 '안나스비 비비크림' 구매할 거예요. 게다가 다른 제품보다 양이 많아서 더 경제적인 것 같아요. 용돈이 아깝지 않은 것 같아요. 그런데 '나모래' 제품은 포장지에 캐릭터도 그려져 있던데 이 제품은 너무 밋밋해서 아쉬워요."

신들린 나의 연기를 지켜보던 원준희 사원은 '학부모 입장'에서 이야기를 시작했다.

"애들 화장하는 것을 막을 수도 없고, 다른 애들도 다 화장한다고 하는데 애들 피부에 맞는 10대 전용 화장품을 사용하는 게 더 나을 것 같아요. 게다가 양도 많은데 믿을 수 있는 브랜드 제품이니 한 번 구매해 볼 생각이 생기네요. 왜 어른 화장품은 저렇게 비교광고 안 하나 몰라. 아줌마들은 같은 가격대에 비슷한 성능이라면 조금이라도 더 저렴한 거 구매할 텐데."

자기 차례를 기다리던 '나모래 대표 광고팀장' 역할인 이지형 대리는 분노하는 말투로 이야기하였다.

"아니, 원재료 가격차이도 있고, 유통의 차이 같은 것으로 인해서 가격차가 날 수도 있고, 용량차이가 날 수도 있는 건데 저런 식으로 비겁하게 비교광고를 한다면, 우리는 양을 더 늘려서 제품 출시할 거예요. 누가 이기는지 한번 해봅시다."

차분히 상황을 지켜보던 차 대리는 '소비자 보호 시민단체 회장'의 마음으로 이야기하였다.

"소비자의 알 권리가 중요하니, 이익이 되는 부분은 명시해 주는 게 옳은 것이지요. 다른 회사 제품의 브랜드를 노출시킨 것도 아니고, 시중에 출시되어 있는 10대 전용 화장품의 비비크림을 모두 가지고 나와서 실험한 것이어서 '피부에 더 좋다', '더 좋은 성분이 추가되었다' 등 추상적인 내용보다는 실제적인 사항이 나열되어 있어서 소비자의 알 권리를 충족시키는 것 같습니다."

우리는 마치 빙의라도 된 듯이 열렬한 토의를 했다. 하고 싶은 이야기를 다른 사람의 입장에서 해보니 이야기하기가 더 편하고 쉬웠다.

비교광고에 대한 반응 예측

	이해당사자	광고에 대한 생각	아이디어
1	10대 여학생 (A 양)	저렴한 가격에 경제적으로 양도 많아서 구매의욕 생성	10대 커뮤니티 사이트에 비교광고 팝업창 설치해야 함
2	학부모 (B모 씨)	경제적인 제품에 대한 긍정과 브랜드에 대한 신뢰	요리 및 가정주부 커뮤니티 사이트에 비교광고 배너 설치
3	경쟁사 (C 과장)	치열한 경쟁구도 확장과 법률 소송 가능성 제기	법률적 문제에 대해 확인해야 함
4	시민단체 (D 연구원)	소비자의 알 권리 충족, 경제적인 제품이라는 평가	비교실험한 결과를 언론에 공개함

이렇게 표로 정리해 보니 우리가 해야 할 일이 명확해졌다. 우리는 서둘러서 긴 하루를 마치고, 조금은 편한 마음으로 집에 들어갔다. 또다시 깊은 잠에 빠져서 꿈인지 현실인지 모를 정도로 잠이 들었을 무렵 다시 며칠 전 아침의 상황으로 돌아갔다.

Chapter 3

소통의 중요성을 알게 되다

비교광고에 대한 소비자 반응 예측으로 회사의 우려를 잠식하다

프로젝트에 지쳐 돌아온 꿈속에서는 알록달록한 마을에 샤니의 오뉴가 나무 옆에서 사과를 움켜쥐고서 한입 베어 물고 있었다. 정말 잘생겼다고 생각하며 두 눈이 맑게 정화되는 느낌이 들 때였다. 때마침 가장 궁금했던 것, 지난번에 물어보려다 못했던 그것! 전 인류의 궁금증을 내가 한번 풀어 보겠다고 생각하며 그의 가까이 다가갔다.

"나 기억하니? 전에 만났었는데, 내가 물어보려다 말았던 게 하나 있는데……."

"알아. 너의 질문이 무엇인지. 내 대답은 'Clean and Clear' 이것뿐이야."

헐, 이건 또 무슨 소리인가? 왜 갑자기 타사 화장품 제품명을 들먹이고 난리인 건가. 나와 장난이라도 치려는 모양인가 싶은 생각이 들 무렵 오뉴가 나에게 웃으면서 세탁비누를 손에 쥐어줬다. 이건 또 무슨 조화인지…… 어리둥절한 황당함에 잠에서 깨어났다.

시계를 보니 회의시간에 가까워졌다. 유튜브에 실릴 동영상을 확인하고, 또 확인하고, FGI조사 결과와 어제 역할연기법을 사용해서 도출했던 사람들 반응과 실제 주변 사람들 반응을 정리해서 파일정리를 하고 한숨 돌리고 있었다.

"윤 과장, 좋은 아침이야~ 그동안 창조컨설팅팀이 정신없이 바쁘게 돌아가는 것 같더니. 이제 조금 한가해 보이네?"

"네. 조 팀장님, 오랜만입니다. 그동안 어떻게 지내셨어요?"

"참, 그 비교광고 동영상은 유튜브에 올릴 건가? 아마 거기에 관련된 일이라면 더 신경 안 써도 될 거야. 광고팀에서 비교광고에 대한 우려를 본부장님께 말씀 올렸는데 진지하게 고려하고 계신다고 하더라고."

말이 끝나기가 무섭게 급하게 나를 찾는 소리가 들렸다.

"과장님, 회의 준비하셔야 될 것 같은데요. 본부장님께 유튜브 광고 건으로 급하게 회의를 소집하셔서 마케팅팀하고 광고팀하고 창조컨설팅팀이 소회의실에 모였습니다."

"응. 알겠어. 내가 회의 준비해서 갈 테니깐, 원 사원은 이 파일 출력해서 회의 인원수대로 복사를 부탁해."

급한 일을 처리하고, 회의실 문을 열고 입장하는데 모인 사람들의 얼굴에는 역시나 근심 어린 표정이 보였다. 일단 진행된 상황에 대해서 간략하게 설명하고, 완성된 광고와 FGI조사과정의 고객들의 의사표현 장면들을 편집해서 보여주었다.

그리고 우려하는 부분에 대한 것도 역할연기법을 이용해서 도출했던 결과를 표로 정리해 문제 상황에 대해 설명해 주었다. 설명할 때마다 각종 우려들로 시끄러웠던 회의장은 점점 조용하게 변모하기 시작했고, 모든 설명이 끝날 무렵 새로운 시도를 하는 것에 대한 긍정적인 발언이 나오기 시작했다.

10대를 위한 BB크림 프로모션방안 기법 사용 과정

브레인스토밍	브레인라이팅	핵심그룹 인터뷰	역할연기법
여러 사람과의 자유로운 대화를 통해서 아이디어를 찾는다.	여러 사람들이 글로 생각을 쓰고, 발표하면서 새로운 아이디어를 찾는다.	핵심그룹을 선발하고, 질문의 응답을 통해 관찰하여 새로운 아이디어를 찾는다.	문제와 관련된 역할을 연기하면서 새로운 아이디어를 찾는다.
비판을 받거나 상급자가 지켜보는 분위기에서 의견제시가 어렵다	작성해야 하는 의무감 때문에 수준 높은 아이디어가 도출되기 어렵다.	핵심그룹을 선발하는 어려움과 관찰자의 통찰이 필요하다.	참가자의 경험과 실제적인 연기가 필요하다.

"윤 과장, 생각보다 조사도 많이 하고, 생각도 많이 했구먼. 그리고 내 생각에는 이 광고가 그렇게 문제될 부분은 없다고 보이는데 다른 사람들 생각은 어떠한가?"

"네, 경제적인 면을 부각시키기에는 비교광고가 적합하다고 생각합니다."

어제 경쟁사의 반격을 두려워하며 가장 말이 많고, 우려가 많았던 광고팀의 강 과장이 마치 어제 일은 모두 잊은 것처럼 이야기했다.

"하지만 경쟁사로부터 법적 소송에 휘말릴 가능성이 큽니다."

역시 노련미 있는 조 팀장의 반격이 시작되었다.

"내가 보기에는 큰 소송이 아닐 것 같네. 없는 사실을 꾸며낸 것도 아니고, 논란이 되는 성분이나 미적인 부분이 아니고, 눈에 확 띄는 명확한 부분이니 한번 시도해 볼 만하지 않나? 얼마나 성과가 있을지 궁금해. 재미있을 것 같지 않나!"

"하지만……"

아무 말 하지 못하고, 본부장님의 눈치를 살살 보고 있었다.

"그래, 윤 과장은 이 광고를 가지고 법률팀으로 가서 법적인 부분으로 우려되는 사항에 대해서 확인하고, 나한테 다시 보고하도록. 그리고 빠른 시일 안에 유튜브에 올리도록 하지. 짧은 기간 동안 이렇게 많은 조사를 하느라 고생했네. 수고했어."

본부장님의 '수고했다'는 말 한마디에 지금까지 느꼈던 피로가 한순간에 사라지는 것을 느꼈다.

예측과 실제 상황이 완벽한 일치를 보이며, 다이내믹한 성과를 내다

비교광고를 유튜브에 올린 후, 예측한 대로 온라인 커뮤니티에서 폭풍적인 관심을 받았고, 10대를 위한 착한 화장품으로 선정되었다. 그 후 경쟁사인 P&Z와 나모래에서 광고 상영금지 가처분 신청을 해서 법률팀에서 고생을 했지만, 결국 좋은 방향으로 이어져서 청소년 화장품부분 매출 1위에 빛나는 영광을 안았다.

이번 프로젝트는 아이디어 개발방법에 대한 정확한 숙지로 기발한 아이디어를 도출해 낼 수 있었다. 이로써 한 발짝 더 창의적인 사람으로 나아갔음을 느꼈다.

이제 진정 완벽한 순간이 아닌가? 아...... 그러고 보니 오뉴가 나에게 하고 싶었던 말은 '명확하게 문제를 해결하라' 이런 뜻인가? 걱정이 없는 사람은 다른 사람에 비해서 스트레스를 덜 받는 덕에 더 좋은 피부를 가질 수도 있을 것 같다는 나만의 해석으로 결론 내렸다. 여하튼 어떤 뜻이던지 지금 내 기분은 정말로 Clean and Clear한 상쾌한 기분이다!

오픈이노베이션 – 외부 아이디어 활용해 투입자원 · 시간 아껴

2005년 P&G의 최고경영자 A.G. 래플리는 회사 외부에서 얻는 기술개발 비중을 50%로 끌어올리겠다고 발표했다. C&D(connect and develop)로 잘 알려진 P&G의 오픈이노베이션이 본격적으로 시작된 것이다. 당시 P&G는 이미 9000명의 세계적인 연구자로 구성된 사내 연구진을 보유하고 있었다. 그러나 최고경영자 래플리는 사내 연구진에만 의존하기보다는 전 세계를 뒤져 검증된 제품과 기술로 기술혁신을 하고, 그렇게 해서 만들어진 제품을 잘 갖춰진 P&G의 유통망으로 판매하는 것이 효율성이나 비용절감 측면에서 낫다고 판단했다. 예를 들면 P&G는 면직 셔츠 구김 방지 해법을 20만 명의 과학자들로 구성된 네트워크인 이노센티브(InnoCentive)에서 얻었다. P&G가 수년간 노력했지만 실패를 거듭했던 이 문제에 대해 해결책을 제시한 사람은 엉뚱하게도 이노센티브의 한 반도체 전문가였다. 이렇듯 외부의 아이디어가 유능한 내부 인력의 아이디어보다 탁월한 경우가 적지 않다. 이노센티브에서 활동하는 과학자들은 P&G에 해법을 제시하고 1만 달러에서 최대 100만 달러의 수입을 올린다. P&G 입장에서 볼 때 사내 연구진을 풀타임으로 고용하며 수년간 쏟아붓는 수십억 달러의 R&D 비용과 비교하면 매우 적은 투자다.

갈수록 치열해지고 있는 생존경쟁에서 살아남기 위해 기술혁신의 필요성이 더욱 절실해지고 있는 가운데 '오픈이노베이션'이 해결방안의 하나로 적극 활용되고 있다. 경영자라면 누구나 아이폰이나 아이패드와 같은 획기적인 제품을 개발해 시장을 지배하는 제2의 스티브 잡스가 되길 꿈꾼다. 그러나 성공적인 기술혁신으로 가는 길은 점점 더 험난해지고 있다. 제품의 융합화(convergence)와 제품수명주기(product life cycle) 단축은 기술 혁신을 어렵게 하는 주요 요인이다. 산업의 융합화는 기술개발에 드는 비용을 증가시킨다. 다양한 분야 기술이 적용되는 만큼 제품개발 비용은 증가할 수밖에 없다. 게다가 기술개발 속도가 점점 빨라짐에 따라 기술 투자 후 투자금을 회수하기는 점점 더 어려워지고 있다. 제약업계에서도 길어지는 승인기간과 모방 약품의 빠른 진입으로 신약이 수익성을 가지는 기간은 점점 빨라지고 있다. 이에 따라 기술개발 기간을 단축해 투자금을 줄이고, 신기술개발 후에는 빠르게 투자금을 회수할 수 있는 방안이 필요했다.

이때 나온 이론이 오픈 이노베이션이다. 미국 버클리대학의 체스부르 교수는 내외부 아이디어를 모두 활용하며 가치 창출을 위해 내외부의 시장경로를 모두 활용하는 오픈이노베이션을 기술혁신의 방안으로 제시했다. 기업들은 내부는 물론 외부의 지식과 기술을 적극 활용하는 오픈이노베이션으로 투입자원과 시간을 절약하고, 혁신 기술을 타 기업에 이전해 추가적인 수익도 창출하기 시작했다. 글로벌 기업인 P&G, 시스코 등이 대표적인 사례다. 오픈 이노베이션은 여러 측면에서 장점이 있다. 우선 내부 인재에게 동기를 부여해 인재 유지에도 도움을 준다. 연구개발 인력들에게 자신들이 개발한 기술이 사장되지 않고 다른 기업 또는 다른 업종에서 매출을 창출하는 데 기여한다는 자부심을 줄 수 있기 때문이다. 오픈 이노베이션은 또 기업이 자신의 핵심 역량이 무엇인지 깨닫게 해주는 측면도 있다. 항공기 제조업체인 보잉은 외부와의 다양한 협력을 통해 자사의 핵심 역량이 생산이 아니라 시스템 통합과 디자인이라는 사실을 파악할 수 있었다. 이에 따라 회사 역량을 시스템 통합 기술과 디자인에 집중하고 대부분의 부품을 아웃소싱함으로써 수익성을 높일 수 있었다. 하지만 오픈이노베이션을 성공적으로 활용하기 위해서는 반드시 지켜야 할 주의점도 있다. 전문가들은 우선 오픈 이노베이션을 하더라도 비즈니스의 핵심 성공요인까지 모두 공개해서는 안 된다고 조언한다. IBM은 컴퓨터 설계의 핵심인 하드웨어 회로도는 물론 데이터 입출력 방식을 결정하는 프로그램의 소스코드까지 모두 공개하는 개방전략을 취했다. 이 때문에 PC 시장의 주도권이 운영체제의 마이크로소프트와 중앙처리장치의 인텔로 넘어가고 IBM은 PC 시장에서 퇴출되는 운명을 맞이했다. 반면 애플은 아이폰, 아이패드 등의 개발과정에서 철저하게 비밀을 유지하는 폐쇄형 혁신 모델을 채택했지만 제조는 대만의 폭스콘에 아웃소싱했다. 또 누구나 애플 제품에서 사용 가능한 앱을 개발할 수 있도록 했지만 앱의 유통은 앱스토어에서만 할 수 있도록 제한했다. 강진아 서울대 교수는 "애플처럼 무엇이 자신의 비즈니스에서 핵심인지 파악하고 핵심이 아닌 것들만 외부에서 조달할 필요가 있다"고 말했다. 오픈이노베이션을 할 때는 외부 혁신과 내부 혁신을 병행해야 효과가 있다.

자료 : 매일경제 2011. 11. 4

IDEA를 바꾸어 IDEA를 개발하라

3 Part

트렌스포머 : Transformers(2007)

- 마이클 베이 감독에 의해 제작된 영화로 자동차 및 각종 기계가 로봇으로 변신하고 악당와 싸우는 액션 장르이다.
- 이 영화에서 두드러진 특징은 '변형이 자유자재로 가능한' 로봇의 등장으로 기존 로봇 영화의 고정관념을 깨면서 시작한다.
- 기존의 아이디어를 변형시켜서 새로운 아이디어로 만드는 방법을 이번 파트에서 배울 수 있다.

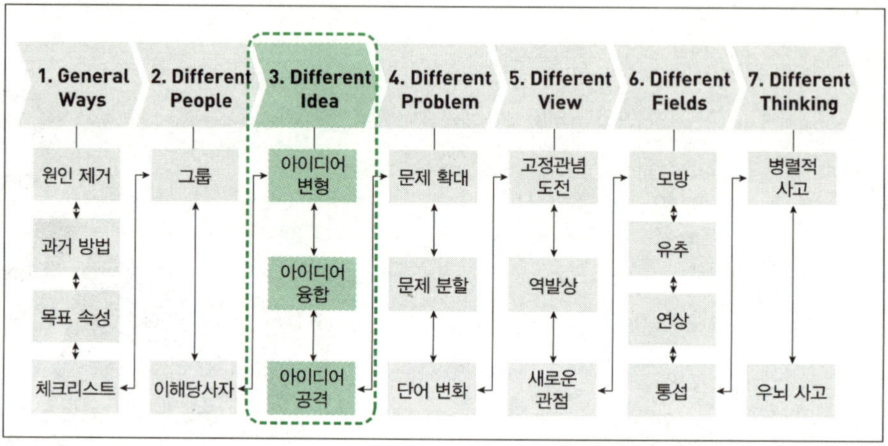

Part 3. IDEA를 바꾸어서 IDEA를 개발하라(Different Idea)

Chapter 1. 생각을 비틀어버리다

#1. 다른 생각을 통해서 아이디어를 찾아라
#2. 음식물처리기 공모전이 열리다

Chapter 2. 다른 IDEA를 활용하라

#3. 생각을 더하고 나누어서 아이디어를 개발하라
#4. SCAMPER를 통해서 아이디어를 찾아라
#5. ERRC를 통해서 아이디어를 얻어라
#6. 약점을 보완해서 아이디어를 찾아라

Chapter 3. 창의적인 IDEA를 통해서 살아남는 법을 깨닫다

세 번째 파트 이야기

회사에서 3,000만 원이 걸린 음식물처리기 신제품개발에 관한 사내 공모전이 열린다! 창조컨설팅 팀원들이 참여를 확정하면서 윤 과장에게 아이디어 도움을 요청하는데…….

과연 윤 과장은 팀원들에게 아이디어 개발방법을 전수하고, 기발한 제품을 기획하도록 도울 수 있을 것인가?

Chapter 1

생각을 비틀어버리다

#1. 다른 생각을 통해서 아이디어를 찾아라

저 많은 커피 중에 내가 마실 브랜드는 어디?

가을비가 촉촉하게 내리는 오후, 점심이 과했는지 슬슬 오는 졸음을 몰아내려 기지개를 펴고 있을 때 맞은편에 앉은 차 대리가 슬픈 눈으로 창밖을 바라보고 있었다.

"너무 슬프게 생각하지 마. 원래 계절은 아름답게 돌아오고, 재미있고, 즐거운 날들은 조금 슬프게 지나가는 법이니까. 기운 내고, 모두들 모여서 커피 한 잔 할까?"

우리 팀 4명이 모여서 커피숍을 가려고, 밖에 나와서 보니 유명 브랜드 커피점부터 소규모 커피숍 그리고, 제과점 및 아이스크림 가게까지도 모두

커피를 판매하고 있었다.

"너무 많네. 여러분들은 커피전문점을 선택하는 기준이 있는 건가?"

"저는 맛으로 평가합니다. A사 커피는 탄 맛이 너무 강해서 안 맞고, B사 커피는 가격이 저렴하지만, 목 넘김이 별로이고…… ."

"수백 가지가 넘는 브랜드의 커피맛과 원두맛을 구분하고, 분류해서 자신들이 원하는 맛을 찾아 선호하는 것인가?" 커피 한 잔으로부터 나온 새로운 호기심에 이 대리가 잘못짚었다는 듯이 대답해 주었다.

"에잇, 과장님은 커피에 너무 무디신 거 아니에요? 커피를 많이 마시다 보면 꼭 입맛에 맞는 커피가 있어요."

신기한 대답이었다. 이 쌉싸래한 커피맛을 구별할 수 있을 정도로 우리들의 미각이 발달한 것인가? 아니면 이 근사한 이미지가 커피맛을 돋우는 것인가?

블로그가 당신의 입맛에 맞는 커피를 추천해 주다

퇴근하고 집에 와서 인터넷 검색창에 '커피와 고객의 선택'이라는 단어를 검색해 보았다. 내가 고민한 것과 맥락이 유사한 궁금증이 많이 올라와 있었다. 그래서 블라인드 테스트로 커피맛을 감별하기도 하고, 성분을 분석하기도 하였지만 그 어느 하나 뚜렷한 답이 없었다. 그러던 중 어떤 블로거가 올려놓은 글이 눈에 띄었다.

"흠…… 나보다 먼저 커피에 대해서 고민했던 회사가 있었네."

네슬레가 지금은 1초에 3,000잔 이상 팔리고 있는 인스턴트커피지만 1938년에 최초 출시했을 때 판매가 되지 않아서 난항을 겪었다고 한다.

"그 시대에 인스턴트커피라니, 많이 신기하군."

> 그 당시 사람들은 인스턴트커피를 거의 이용하지 않았다. 더욱 그들을 혼란스럽게 만든 점은 블라인드 테스트에서 고객들은 기존의 원두커피와 인스턴트커피를 큰 차이가 없다고 품질 면에서 우수하다는 평가를 해주었다.

"품질의 문제가 아니군. 그럼 왜 구매하지 않는 걸까?"

> 그들은 부진의 이유를 알 수가 없어 고민했다. 소비자의 심리를 파악하기 위해 그들은 100명의 주부들을 두 그룹으로 나누어 각 그룹의 주부들에게 가상 쇼핑 목록을 보여주었다. 그 결과 대다수의 주부들은 인스턴트커피를 사려는 부인들을 게으르고 낭비가 심한 사람이라고 묘사했다. 원두커피에 비해 편리했던 점이 게으른 사람으로 보일지도 모른다는 우려로 나타나면서 판매가 이루어지지 않았던 것이다.

"편리하고 간단한 방법도 다르게 보면 게으르고 낭비가 심한 행동으로 비춰지는 것이군."

> 이후 네슬레는 광고의 컨셉을 '편의성'에서 '당당한 여성'으로 이미지를 변환하면서 새로운 시장을 개척할 수 있었다.

맛, 가격, 향기 같은 예상된 문제가 아닌 여러 가지 방향에서 문제를 분석하고, 나누어보는 작업을 거쳐서 새로운 아이디어를 개발해야 한다는 생각이 들었다.

#2. 음식물처리기 공모전이 열리다

3,000만원의 음식물처리기 신제품 공모전이 시작되다

어제의 블로그 글을 생각하고 있는 사이 전체 메일이 발송되었다. 모니터로 성과보고와 회사 뉴스 등 잡다한 이야기를 읽고 있는데 갑자기 열정적인 사람들의 폭발적인 반응의 소리가 들렸다.

AG건강생활 직원 여러분께

2013년부터 음식물쓰레기에 대한 비용 증가로 인해 '음식물처리기' 관련 시장이 커질 것으로 예상됩니다. 이에 따라 우리 회사에서도 음식물처리기 제품을 개발하려고 합니다. AG전자에서 제품개발을 진행하고, AG건강생활에서 소비자에게 어필할 수 있는 신제품을 기획하는 방향으로 추진될 것입니다. 신제품개발 기획에 채택되는 모델의 주인공에게 약 3,000만 원의 상금을 제시하겠습니다. 상용화 단계로 가는 것을 목표로 공지한 것이니 여러분의 열화와 같은 성원 부탁드립니다.

음식물처리 시장이 포화된 상태이지만, 자사가 후발주자임에 틀림없지만 AG 가전제품 기술력으로 본다면 출시하자마자 시장에서 선도주자가 되는 것은 시간문제이기 때문에 굉장히 승산 있는 도전으로 보였다. 심지어 우리 팀원들까지 업무에 관한 고민은 저 멀리 보내둔 채 아주 밝은 표정으로 사내 공모전을 반기는 모습을 보였다.

팀원 각자의 사정으로 공모전에 참가하다

자리로 돌아와서 업무를 시작할 무렵 원준희 사원이 나에게 면담을 하고 싶다고 요청했다.

"과장님, 저…… 사내 프로젝트 하고 싶어요."

"으응?? 일 많다고, 바쁘다고 할 때는 언제고?"

"저 사실 급하게 돈이 필요해서요. 사실은 비밀인데요……. 성형수술하면서 부모님께 빌린 돈이 있는데요. 과장님이 도와주시면……."

"엥? 조언 정도는 해줄 수 있는데…… 그 대신 열심히 해야겠지?"

"정말 열심히 도전해 볼게요. 팀에 있으면서 아이디어 개발 분야에 자신감이 생겼거든요!"

비장한 원 사원을 돌려보내고, 다시 업무를 진행하고 있는데 누군가 헐레벌떡 뛰어오는 소리가 들렸다. 다급한 목소리의 주인공은 바로 이지형 대리였다.

"제가 회사 입사한 지 이제 4년 넘어가고 있는데요. 아직 부모님께 효도 한번 못해 봐서요……."

"이번 공모전에 각 팀의 에이스들은 거의 다 나간다는 소문이 있던데. 기획서 작성할 준비는 되어 있나?"

"넵!!!! 저는 자신 있습니다. 이번 기회에 회사에 저의 존재도 알리고, 목표가 명확하기 때문에 다른 사람은 안 되도 저는 됩니다."

"그래? 자신감이 꽉 들어찼네. 한번 작성해서 가지고 와보라고."

생각해 보니 두 명이나 도와줘야 한다고 계획을 세우니 막막해졌다. 그렇지 않아도 해야 할 업무가 잔뜩 쌓여 있는데 다들 저렇게 희망에 찬 눈빛으로 도와달라고 손짓하니 모른 척 거절하기가 힘들었다.

오늘도 어김없이 지친 하루를 끝마치고, 가방을 싸서 퇴근하려는 무렵 저 멀리 어물거리는 차성엽 대리의 모습이 보였다. 나를 보면서 반갑게 인사하는데 왠지 모를 불안한 마음이 들었다.

"혹…… 혹시 차 대리도 공모전에 나갈 생각인가?"

"네…… 어떻게 아셨어요? 하루 종일 업무에 열중하고 있었는데……."

"왠지 모르게 이런 업무가 팀원들의 의견이 일치시키는 역할을 하는 것 같아서……."

"아니요. 과장님 바쁘실 텐데, 무슨 염치도 없이 도움을 바래요."

"그럼 자네는 무슨 연유로 3,000만 원이 필요한 거지?"

"아…… 저는……. 말하기 조금 창피하지만, 아파트를 융자내서 구매했는데 이자 갚기가 힘이 드네요."

"진정한 고뇌가 여기 있었군. 혹시 내 도움이 필요하다면 언제든지 찾아오게. 아이디어를 개발하는 방법에 도움을 줄 테니까."

부족하지만 조금씩 성장하기 시작한 나의 창의적인 사고를 통해서 여러 사람에게 아이디어를 제공하고, 진정 필요한 곳에 의미 있게 쓰일 것이라고 생각하니 내 자신이 자랑스러워졌다.

Chapter 2

다른 IDEA를 활용하라

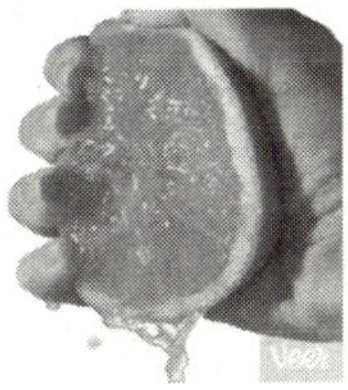

공모전을 위한 모임을 만들다

그 후 토요일 아침, 시끄럽게 울리는 전화벨 소리에 눈이 떠졌다. 전화를 받아 보니 이지형 대리의 목소리가 들려왔다.

"과장님, 설마 아직도 꿈나라에 계신 건 아니죠? 지금 시간이 몇 시인데……."

"오늘 회사 가는 날 아니지 않나? 오늘 토요일 아니야?"

"네, 당연히 토요일이지요. 제가 점심 쏘겠습니다."

"그래? 그럼 우리 1등 하기 위해서 회의실을 빌려서 아이디어 개발의 토론시간을 만들면 어때? 차성엽 대리랑 원준희 사원도 함께 부르자."

이 대리는 영문도 모른 채 즐거운 마음으로 공동 카톡 창에 '번개정모 오후 1시 사내 회의실에 모이세요'라고 문자를 남기고, 서둘러 회사로 향했다.

"과장님, 저희 공모전 다 같이 하라는 말씀은 아니시지요? 각자 3,000만 원을 목표로 하고 있어서 같이 하기는 어려울 것 같은데요!"

"으응. 그럴 테지. 그게 아니라 우리 서로 신제품개발 전에 음식물처리기가 어떤 건지는 공부하고 시작해야 하는 거 아니야? 각자 시장조사하기 바쁠 테고 단순한 필요 정보 같은 것은 공유하자고, 다들 어떻게 생각해?"

"시간 활용하고, 괜찮은 생각인 것 같아요."

트랜스포머에서 아이디어 개발방법을 찾아내다

팀원들에게 자료를 찾을 두 시간의 여유를 주고서 어떤 아이디어 개발 기법이 좋을 것인지 책을 뒤적이고 있다가 문득 멘토님께 전화를 걸었다.

"윤 과장, 날씨 좋은 토요일에 무슨 일로 연락했는가?"

"타인을 위해서 지식 기부하고 있습니다."

"지능기부라…… 어떤 종류의 지식을 기부하고 있지?"

"아~ 그러지 않아도 교수님께 여쭤보고 싶었는데요. 신제품 개발에 관한 아이디어를 내는 것을 도와주고 있습니다. 제가 어떤 기법으로 도움을 주는 것이 좋을까요?"

"글쎄, 신제품개발하는 법이 쉬운 것도 아니고, 새롭게 창조하는 방향인가? 아이디어를 개선하는 방향인가?"

"아무래도 개발하려는 분야에 강자가 존재하고 있긴 한데요."

"그래? 아예 새로운 제품을 만드는 것보다는 기존의 강자를 변화시켜서 새롭게 만드는 것도 나쁘지 않을 것 같은데? 그럼 영화 〈트랜스포머〉를 보시게나, 얼마나 변화무쌍하게 바뀌는가?"

"혹시 가전제품이 로봇으로 변신하는 것 말하시는 거죠?"

"응? 자네 아직 안 봤나? 보다 보면 깨닫고 배우는 것이 있을 걸세."

"엥? 오락용 영화 아닌가요? 교육적 목적을 가진 것도 아니고……."

"창의는 교육 속에만 있는 것이 아닐세. 세상 온갖 것에 깃들었지. 내가 며칠 전에 조언하지 않았나? 생각을 나누어 보고, 살을 붙이기도 하고, 제거해 보기도 하라고, 한 번씩 생각을 비틀어서 보게나. 그러면 새로운 것들이 보일 걸."

"네? 어떻게 해야 할까요?"

"어려운가? 여기 아주 좋은 사례가 있구먼, 미용실이 여성들의 전유물이라는 생각을 보기 좋게 부숴버린 사례가 있지.

내가 자주 이용하는 미용실인 '블루클럽'인데, 저렴한 가격과 빠른 처리로 올드한 느낌의 이발소를 기피하는 남성고객들의 열렬한 지지를 받은 '남성 미용실'이라는 새로운 세분시장을 개척한 선봉장이지."

도대체 트랜스포머랑 남성 전용 미용실과 신제품개발 아이디어랑 무슨 관련이 있는 것이지? 내 머릿속에서는 의미부여에 심각한 고민을 하고 있었다.

음식물처리기의 스펙에 대해서 알아보다

다시 회의실로 돌아가서 팀원들이 조사한 사항을 확인해 보았다.

"다들 어느 정도 조사된 거예요?"

"음식물처리기는 건조, 분쇄, 미생물처리 등의 방식으로 음식물쓰레기의 양을 줄여줍니다. 고객이 제품을 구매 시에는 처리방식, 설치방식을 고려해서 선택하고, 전기료, 필터 교체, 미생물 교체 등의 유지비용이 비싸지 않은지도 꼼꼼하게 따져보는 것으로 보입니다.

이 세 개를 표로 비교했습니다."

음식물처리방식의 특징

미생물분해처리방식	건조처리방식	분쇄탈수처리방식
• 친환경적인 방식 • 음식물처리시간이 16시간 이상 소요 • 비싼 가격대 형성	• 건조 시 고약한 냄새 • 건조된 쓰레기 별도 배출 필요 • 저렴한 가격대	• 최단시간 음식물처리 • 칼날 교체의 어려움 • 분쇄 후 쓰레기 별도 배출

"혹시 개선해야 할 점이라든가 문제점 같은 것도 찾아봤나?"

"네, 미생물분해처리방식은 음식물 잔반을 분쇄 후 액상 미생물을 접촉하여 자연 발효·분해·소멸하는 방식이나, 유기물질들이 소멸하기 위해서는 저장된 상태에서 미생물 접촉 후 최소 16시간 이상 경과해야 발효·분해하여 소멸되는 문제가 있습니다.

그리고 가장 흔히 사용되는 건조처리방식 제품들은 분쇄 후 장시간의 건조과정에서 전기를 많이 사용하고, 그 과정에서 탈취가 잘 되지 않아 심각한 냄새가 발생하며, 처리 후 남은 쓰레기를 다시 치워줘야 한다는 불편함이 있습니다.

분쇄탈수처리방식의 음식물처리기는 싱크대 부착형이 있는데 싱크대에서 설거지 전후 물과 함께 바로 처리하여 분쇄 후 압착 탈수된 고형물 쓰레기가 바로 분리 배출되어지나 마찬가지로 남은 쓰레기를 다시 버려야 하는 불편함이 있습니다."

원준희 사원, 이지형 대리, 차성엽 대리 순으로 어떤 방식의 신제품을 만들 것인지 한마디씩 의견을 나누어 보았다.

"제 생각에는 친환경적인 요소가 미래에는 각광받을 것 같은데, 그렇다면 미생물분해처리방식을 채택하겠습니다." (원준희 사원)

"아무래도 시장에서 제일 잘 팔리는 제품이 건조처리방식이니, 저는 대세를 따르겠습니다." (이지형 대리)

"흠, 저는 가장 효율적인 분쇄탈수처리방식으로 신제품을 개발하는 게 나을 것 같다는 생각이 드네요." (차성엽 대리)

"오~ 이제 서로 다른 길을 선택하는 건가? 같은 팀이면서 공모전을 위한 경쟁자가 되는 거네."

#3. 생각을 더하고 나누어서 아이디어를 개발하라

미생물분해처리 제품에 대해서 알아보다

"원 사원, 미생물분해방식의 음식물처리기의 장점이 뭐야?"

"미생물분해방식은 아시드로 미생물을 이용하는 것으로 번식력이 강하여 한 번 투입으로 평생 사용할 수 있고, 또 산성조건에서 발육하기 때문에 짠 음식이 많은 한식도 잘 분해하며, 분해 후 이산화탄소와 같은 기체만 남기는 자연친화적인 방식입니다."

"그럼 단점은 뭐라고 생각하나?"

"단점으로는 다른 방식의 제품보다 훨씬 큰 사이즈와 처리용량의 부족, 다른 방식 대비 2배 이상으로 소요되는 처리시간입니다."

원준희 사원은 친환경적인 방식으로 음식물처리기 신제품개발을 하려고 하였다. 목표는 뚜렷했고, 어떤 제품으로 개발할 것인지 세세한 부분만 신경 쓰면 될 것처럼 보였다.

"과장님, 생각보다 고려해야 할 요소가 너무 많고요. 어떤 것을 차용하고, 어떤 부분을 버려야 할지 잘 모르겠어요."

"글쎄……. 자연친화적이고, 심플하면서 아름다운 것이라. 너무 추상적인 생각 아니야?"

순간 멘토님의 말씀이 떠올랐다. 아이디어를 변화시켜서 창의적인 로봇을 만들면 될 것 같다는 아주 재미있고, 기발한 트랜스포머 같은 생각이 머릿속에 떠올랐다.

아이디어 개발 필살기 9 융합과 분할

융합과 분할(Convergence and Divergence)은 제품이나 서비스, 기능, 컨셉 등 다양한 측면에서 융합하거나 분할해 가면서 새로운 아이디어를 개발하는 방법이다.

1. **문제의 정의** : 해결하고자 하는 문제나 개발하고자 하는 제품과 서비스를 정의한다.
2. **융합을 통한 아이디어 개발** : 융합하여 새로운 아이디어를 개발한다.
3. **분할을 통한 아이디어 개발** : 분할할 수 있는 부분을 찾아내어 새로운 아이디어를 개발한다.

"그러면 원 사원을 위한 좋은 아이디어 하나를 주지. 하지만 자네의 독창적인 생각이 필요하네. 3,000만 원을 향한 절실한 생각 말이야."

화이트보드에 큰 도표를 그리고, 맨 위에 '친환경적인 음식물처리기 신제품개발'이라고 적었다. 융합/분할을 통한 아이디어 개발 예시로 몇 가지를 생각해 냈다.

"나는 친환경적인 제품을 위한 확장된 요소로 미생물분해 기법이 맞긴 하지만, 음식물을 1차 분쇄하고, 2차로 미생물을 이용하면 분해하면 시간을 더 절약할 수 있다고 생각해. 미생물분해요소의 가장 큰 단점이 너무 오랜 시간이 걸린다는 거고, 두 번째는 가격이 비싸다는 점이니깐 이 사항을 극복할 수 있는 아이디어가 필요하다고 생각하는데? 원 사원은 어때?"

원 사원은 자신이 조사한 정보와 생각들을 조합해서 화이트보드에 적힌 표의 글을 하나씩 고려해서 작성하기 시작하였다.

친환경적인 음식물처리기 개발

	키워드	융합을 통한 아이디어	평가
1	판매 + 렌트 서비스	가격을 낮추기 위해서 렌트제를 도입함	낮음
2	처리방법 + 분쇄방식	미생물 발효 제품에 분쇄기를 설치하여 처리 속도를 높임	우수
3	기술 + 미생물 배양	여러 종류의 미생물 배양기술을 융합하여 처리 속도를 높임	우수
4	제품 + 살균 및 소독	제품 내부의 물때와 곰팡이를 세척하기 위해서 100도 이상의 고온도로 10분간 작동하여 살균 및 소독함	보통
	키워드	**분할을 통한 아이디어**	**평가**
1	가격대	고급형과 보급형 제품을 통해서 고객의 선택의 폭을 넓힘	우수
2	사이즈 및 용량	업소용, 가정용으로 분리하여 용량에 따른 차이를 두고, 가정용은 집안 인테리어와 어울릴 수 있도록 제작함	낮음
3	유통채널	백화점, 대형 할인마트, 양판점으로 나누어서 제품을 제작함	낮음

표로 작성하고 보니 원하는 방향을 도출한 것 같아 보였다.

"혹시 더 부족하거나 채워야 할 점 있는 것 같아?"

"아니요. 이 정도면 제가 원하는 방향을 찾은 것 같은데요. 히히."

미생물 분해 음식물처리기

1. 미생물 개체수를 늘려서 처리 속도를 증가함
2. 빠른 처리 속도를 위해서 분쇄기를 설치하고, 미생물로 발효함
3. 고급형과 보급형을 위한 제품과 용량별 제품 등을 고려하여 제작함
4. 기기 내부의 물때와 곰팡이를 제거하기 위해 고온의 열처리를 함

#4. SCAMPER를 통해서 아이디어를 찾아라

건조처리 제품에 대해서 알아보다

공모전 지원자 이 대리의 신제품개발 상황을 들으러 회의실로 갔다.

"이 대리가 건조기술을 이용한 제품개발이지? 요즘 이 제품이 전기도 적게 들고, 다른 방식의 제품들보다 저렴해서 일반 가정의 보급형으로 각광받고 있는 제품인데, 시중에 나와 있는 제품수가 많아서 아무래도 선두권에 진입하기 쉽지 않을 것 같긴 한데 어떻게 진행되고 있나?"

"그러지 않아도 이미 기존에 나와 있는 신제품들이 너무 많아서 어떤 제품을 개발해야 하는지 머리가 아파지려고 해요. 도와주세요!"

"흠. 자네를 위한 아주 좋은 아이디어 개발방법이 있는데, 조금 생각할 부분이 많긴 하지만 지금 복잡한 자네의 심경을 대신해 줄 수 있는 아주 좋은 방식인 것 같아. 다양하게 나누어서 생각하는 방법인데."

"아주 솔깃한 발언인데요. 어려워도 지금 상황보다 나을 것 같은데 과장님 빨리 알려주세요!"

"아주 조급해하지 말라고, SCAMPER라는 아이디어 개발방법이 있는데 순간의 영감이 아닌 꾸준한 몰입을 강제적으로 할 수 있게 하는 기법 중 하나이고, 새로운 아이디어를 창출하는 데 효과적이지."

아이디어 개발 필살기 10 SCAMPER

'SCAMPER' 기법은 이니셜을 중심으로 기본 아이디어를 대체(Substitute), 결합(Combine), 적용(Adapt), 수정(Modify), 타 용도 사용(Put to other uses), 제거(Eliminate), 재배치(Rearrange) 등의 방법을 활용하면서 새로운 아이디어를 찾는 방법이다.

1. **문제의 정의** : 해결하고자 하는 문제를 정의한다.
2. **SCAMPER 적용** : SCAMPER의 이니셜대로 대체, 결합, 적용, 수정, 타 용도 사용, 제거, 재배치하면서 아이디어를 개발한다.
3. **아이디어 추가** : 전 단계에서 개발된 아이디어를 기반으로 새로운 아이디어를 개발한다.

"엥? 뭔가 어려운데요……."

"그러면 하나씩 예를 들어서 시작해 볼까?

문제와 기회의 정의 단계에서 우리의 문제는 '건조방식을 이용한 음식물처리기 신제품개발'이고, SCAMPER를 적용해서 풀어보면 예를 들어서 '대체하기'는 건조방식을 이용하면 여러 물질이 건조되면서 나오는 고약한 냄새를 탈취하기 위해서 '냄새를 제거하는 필터를 설치한다' 이런 방식의 아이디어를 생각해서 작성하는 거지!"

"아하~ 그런 식으로 맞춰 생각해서 작성하면 되겠네요!"

"그러면 '결합하기'는 아이들과 주부들의 정보제공 차원에서 요즘 냉장고에 부착되어 나오는 LCD창을 결합하면 좋을 것 같아요!"

"아주 훌륭한 접근법인데!"

건조방식을 이용한 음식물처리기

	아이디어 개발방법	아이디어	평가
1	대체하기 (Substitute)	기존 필터를 향균 탈취필터로 대체하여 악취를 최소화한다.	우수
2	결합하기 (Combine)	LCD창을 설치하여 처리과정을 제공한다.	낮음
3	적용하기 (Adapt)	환경오염물질이 배제된 친환경 플라스틱으로 외형을 제작하여 폐기 시 환경오염을 최소화한다.	보통
4	수정하기 (Modify)	건조방식을 다중방식으로 수정하여 건조 속도를 높인다.	우수
5	타 용도 사용하기 (Put to other uses)	LCD창을 디지털 액자로 사용하여 사진 및 그림 등을 띄워서 집안 분위기와 어울리게 연출한다.	보통
6	제거하기 (Eliminate)	필터를 제거하고, 호스를 부착하여 오염물질을 밖으로 배출한다.	낮음
7	재배치하기 (Rearrange)	집안의 공간 활용을 위해 '상부투입' 전용이 아닌 '정면투입'으로 음식물 투입구를 변경한다.	낮음

이 대리는 신이 난 모습으로 하나씩 작성하고, 지우고를 반복하고, 아이디어를 추가함으로써 완성도를 높였다. 2시간 후 작성된 표를 들고 와서 자랑하듯이 여러 사람들에게 보여주고, 평가까지 받아서 결정하였다.

건조방식을 이용한 음식물처리기

1. 4개 방향의 온풍으로 빠른 건조처리 속도를 높임
2. 탈취 필터의 성능을 보강하여 냄새제거 효능을 높임
3. 친환경 소재를 사용하여 환경을 보호함
4. LCD창을 디지털 액자로 이용하여 사진 및 그림 등을 띄워서 집안 인테리어에 활용함

#5. ERRC를 통해서 아이디어를 얻어라

분쇄탈수처리 제품에 대해서 알아보다

차성엽 대리의 아이디어 현재 상황을 확인하러 찾아갔을 때 그는 제일 잘 팔리는 '건조+분쇄'방식의 제품(매직 카르멘)을 빌려와서 여러 가지 작동 상황을 실험하고 있었다.

"오호~ 가장 적극적이고, 훌륭한 방식을 사용하고 있구먼. 그래, 실험진행과정은 어떤가? 얼마나 새로운 것을 깨달은 게야?"

"건조형이 10만 원대로 보급형이라고 한다면 '건조+분쇄형'은 고급형으로 40만 원대를 호가하고 있습니다. 그중 대표적인 제품으로 '매직 카르멘'이라는 제품이 있는데요. 상부에 음식물을 투입할 수 있게 디자인되었고, 호스가 없어서 탈취필터를 2개월에 한 번씩 교체해야 하고, 원터치 자동시스템으로 건조통 청소기능과 처리시간이 2~6시간으로 다른 방식보다 가장 빠른 속도를 보여주고 있습니다."

"흠…… 그럼 우리 이 제품을 기준 삼아서 새로운 아이디어를 내보도록 하자."

아이디어 개발 필살기 11 ERRC

'ERRC'라는 기법은 블루오션전략의 분석적 툴인 ERRC(제거, 감소, 증가, 창조)의 이니셜을 중심으로 기본 대안을 변화시켜 가면서 새로운 아이디어를 찾는 기법이다.

1. **문제와 기회의 정의 :** 해결하고자 하는 문제나 기회를 정의한다.
2. **ERRC 적용 :** ERRC의 이니셜대로 제거, 감소, 증가, 창조과정을 거쳐서 새로운 아이디어를 개발한다.
3. **아이디어 추가 :** 추가적인 아이디어를 생각해 보고, 도출된 아이디어의 타당성을 평가한다.

"아…… 과장님 꽤나 어려운 방법인데요. 그럼 어떻게 사용해야 하나요?"

"일단 문제가 무엇인지 알아보고, ERRC에 맞게 대입해 보자."

분쇄방식을 이용한 음식물처리기

제거(Eliminate)	감소(Reduce)
• 필터제거 • 호스제거 • 악취제거 • 불필요한 기능제거	• 사이즈 축소 • 소음 축소 • 처리단계 감소 • 처리 후 폐기물 감소
Raise(증가)	**창조(Create)**
• 처리용량 확대 • 필터의 수명 연장 • 건조기능 강화 • 분쇄기능 강화 • 탈취 필터 강화	• LCD창 설치 • 브랜드 생성 • 음식물 필터링 장치 • 각 기능을 세분화한 버튼 설치

"차 대리의 생각이 모두 다 들어가면 너무 완벽한 제품이 되겠는 걸? 거기서 가장 중요한 몇 가지만 뽑아서 변형시키면 전혀 다른 새로운 제품이 나오게 되는 것이지."

"아~ 전 딱 3가지만 들어갔으면 좋겠어요. '음식물 필터링'기능하고, 탈취 필터의 수명 증가, LCD창 설치 이렇게는 꼭 들어갔으면 하는 기능이에요."

하루 시간을 내서 세 명의 아이디어 코칭을 끝내고, 아래층 별다방에 조용히 앉아 커피를 즐기고 있었다. 세 명에게 꼭 집어 새로운 제품에 대한 정보를 주지 않았지만 새로운 길을 가는 것에 대한 '다리 역할'을 한 것에 대해 대견스러움과 칭찬할 만큼의 보람을 느끼면서 음식물처리기 시장에 다크호스가 될 거대한 보고서를 기다리며 하루를 마감하는 기분 좋은 저녁이었다.

분쇄탈수방식을 이용한 음식물처리기

1. 딱딱하고, 거친 음식물을 제거 후 분쇄함으로써 칼날을 보호하고, 처리시간을 단축함
2. 소음을 감소시키기 위해서 내부 하드케이스 방음처리함
3. 시간을 단축시키기 위해 칼날을 이중 부착하여 처리 속도를 높임
4. 개선된 필터를 사용하여 필터 교체주기 보완(1년 6개월~2년)
5. 고객에게 정보를 제공할 수 있는 LCD창을 설치하여 음식물처리과정을 알려줌

#6. 약점을 보완해서 아이디어를 찾아라

신제품에서 치명적인 오류를 발견하고, 서로 공격하다

드디어 대망의 제출일 하루 전날, 내일 오후 5시 제출 완료해야 한다. 여느 날과 다를 바 없는 목요일이지만 지나가는 동료들의 눈에는 비장한 눈빛과 3,000만 원을 받을 날짜를 기다리는 행복한 표정으로 가득 차 있었다.

다들 어떤 제품을 완성품으로 만들었는지, 얼마나 획기적인 제품일지, 궁금함에 부서로 들어가는 길이 오늘따라 유난히 짧게 느껴졌다.

"왜~ 이제 오셨어요!! 저희는 오늘 새벽 5시부터 마무리 작업 들어가서 완벽하게 완료하고, 과장님 오시기만을 손꼽아서 기다리고 있었습니다!"

"그래? 다들 얼마나 큰 대작을 만들었기에? 이렇게 빨갛게 부은 눈과 온갖 피로에 찌든 표정으로 나를 기다렸을까?"

하지만 큰 차별점을 잘 느끼기 어렵고, 뚜렷한 장점을 알 수가 없었다. 지금 이 순간 저들에게 강력한 개선방법을 알려주고 싶었지만 어떤 기법을 사용해야 할지 고민되었다.

"모두들 제안서 잘 마무리하고 있어요?"

"네…… 조금 막막하기는 한데, 다른 제품들 검색하면서 비교해 보고 있었어요. 우리 제품이 얼마나 뛰어난지 비교가 어렵네요."

이지형 대리가 실컷 자신이 쓴 보고서를 들여다보다가 문득 이야기했다.

"희한하게 다른 제품을 비판하라고 하면은 하고 싶은 말들이 용솟음치는데, 이상하게 내가 제작한 제품에 대한 비판은 딱히 아무 생각도 안 떠올라요."

"그래, 바로 우리가 지금 당장 할 수 있는 일이지. 서로가 서로에게 이상한 점을 지적해 주는 것 어때? 이야기를 듣다 보면 어떤 특징이 중요한 것인지, 필요 없는 것인지 알게 될 거야. 그러므로 오늘 우리가 사용할 마지막 기법은 '악마의 옹호자' 방법이야."

아이디어 개발 필살기 12 악마의 옹호자

'악마의 옹호자(Devil's Advocates)' 기법은 그룹으로 대안을 개발하고, 평가할 때 한두 사람이 악마의 역할을 맡아서 각 대안의 약점을 공격하고, 객관적인 자료를 요구하면서 각 대안의 객관성과 논리성을 높이는 기법이다.

1. **문제와 기회의 정의 및 악마 결정** : 해결하고자 하는 문제나 기회를 정의하고, 악마의 역할을 수행할 사람을 결정한다.
2. **아이디어 제시 및 악마의 공격** : 악마 이외의 사람들은 새로운 아이디어를 제시하고, 악마는 새로운 아이디어들의 약점을 공격한다.
3. **악마의 공격에 대한 방어** : 악마의 공격에 대응하면서 타당성을 높인 새로운 아이디어를 개발한다.

우선 원준희 사원의 '미생물을 이용한 음식물처리기'에 대한 토론으로 이 대리와 차 대리를 악마로 선정하였다.

음식물처리기에 대한 새로운 아이디어

문제	아이디어	악마의 공격	새로운 아이디어
미생물을 이용한 음식물 처리방식	미생물을 개체수를 늘려서 빠른 처리를 도움	건조/분쇄 제품 대비 처리속도가 늦지 않을까?	분쇄기를 설치하고, 미생물 발효방식을 적용하여 처리속도를 개선
	미생물 처리기에 분쇄기를 설치함	분쇄기 설치로 가격이 너무 비싸지는 것은 아닐까?	처리 후 음식물이 미생물에 의해 발효되어 천연 퇴비로 만들어져서 오히려 경제적임
건조방식을 이용한 보급형 음식물 처리방식	향균 필터 수명 주기를 늘려서 1~2년에 한 번 교체함	교체 시 향균 필터가 비싸서 고객에게 부담을 주지 않을까?	기존 필터(6개월용)와 함께 소비자의 선택을 통해 필터 교체 가능하게 함
	4개 방향의 온풍으로 빠른 건조처리속도 보유함	다각도의 온풍건조로 인한 과도한 전기세가 발생하지 않을까?	처리시간을 단축함으로써 오히려 전기세 감소효과가 있음
분쇄방식을 이용한 음식물 처리방식	기능성 필터를 이용해서 크고 딱딱한 음식물을 걸러내 칼날을 보호함	기능성 필터 부착으로 제품 크기가 커지지 않을까?	입구에 거름망과 같은 필터를 설치하여 제품 사이즈와 무관하게 제작함
	이중 칼날을 부착하여 음식물을 미세하게 분쇄	이중 칼날로 분쇄처리 시 과도한 소음이 발생하지 않을까?	하드케이스 내부를 방음처리하여 소음을 줄일 수 있음

회의가 끝난 후 모두들 무언가를 깨달은 듯한 표정으로 보고서를 수정하기 시작했고, 노트북을 열심히 바라보던 원 사원이 작업을 하면서 웃으며 말했다.

"다른 사람의 시각으로 아이디어를 바라보니 이런 문제가 있었군요."

"그렇지, 문제의 틀을 조금만 벗어나면 다른 점이 보이고, 타인의 입장에서 보면 또 다른 문제가 보이지. 이것의 생각의 차이이자, 아이디어 발상의 좋은 조건이지."

"네, 아이디어의 질이 점점 좋아지고 있는 모습이 보여서 아주 만족스러워요. 우리는 좋은 팀이고, 동료이자 선의의 경쟁자라는 생각이 드네요. 이게 바로 'WIN-WIN'의 좋은 사례가 아닐까요?"

모두들 자신의 생각을 정리하고, 수정한 보고서를 확인한 후 제출했다. 하루가 길었던지 모두들 아무 말 없이 창밖을 바라보고 커피를 마시고 있었다.

"처음 시작할 때는 다들 자신 있어 하더니 왜 갑자기 꿀 먹은 벙어리마냥 아무런 말이 없는 거야?"

"만족스러우면서도 잃어버린 퍼즐 한 조각을 못 찾은 것 같은 아쉬움도 남아서요."

"그렇다면 아주 잘했다는 증거인지도 몰라. '완벽하다'라는 자만심보다 '부족하다'라는 겸손함이 많이 연구하고, 노력했다는 증거라고 생각하는데, 맛있는 거 먹으면서 오늘의 회포를 푸는 것 어때?"

다들 흔쾌히 나의 제안을 받아들이며 밝은 표정을 지어 보였다. 무엇이 옳은 것인지 정답은 없다.

- 친환경 제품이라는 강점을 강화시켜 다른 제품과 크게 차별화를 시킨 원준희 사원
- 여러 가지 기능을 가진 완벽한 제품을 신제품으로 제안한 이지형 대리
- 시중 인기 제품을 연구하고, 기능적으로 보완해서 창의적인 아이디어로 중무장한 차 대리의 제품

다른 팀 직원들의 뛰어난 제품들까지 모두들 짧은 기간 동안 열정적으로 완성한 보고서들은 회사의 보물 같은 존재가 되었다.

Chapter 3 창의적인 아이디어를 통해서 살아남는 법을 깨닫다

제출 후 심사평가 회의가 열렸다. 각 부서의 팀장들이 모여서 보고서를 확인하고 평가하는 과정으로, 홍보팀, 마케팅팀, 영업팀, 디자인팀, R&D팀의 팀장과 AG전자의 팀장 7명이 포함되어 총 14명이 심사위원으로 선출되었다. 1차 평가위원단은 제품들의 실용성, 디자인, 실현가능성, 기능적 측면, 소비자 만족도, 가격 등 측면을 체크해서 5편의 제품을 선정하여 공고하고, 2차 선발은 전체 직원들 대상으로 공개 PT를 한 후 전체 점수를 체크하여 최종 2개의 제품을 실제 만들어 보고, 30명의 고객 평가단이 평가한 점수로 최종 1편을 선정하는 꽤나 까다롭고, 어려운 과정이 기다리고 있었다.

심사숙고한 1차 발표에 이 대리와 차 대리의 제품이 포함된 5편의 제안서가 선출되었고, 일주일의 기간 동안 공개 PT 준비를 하고, 전체 직원들을 상대로 한 2차 결과에서 두 제품이 선택되는 우연이 일어났다.

"과장님, 이건 과장님이 저희에게 주신 조언으로 이루어진 마법인 것 같아요!!"

"네, 이제 고객 평가단의 평가만 기다리면 되는데, 저희 제품이 실제 경쟁사의 제품보다 뛰어나고, 쓸모 있는 제품인지 궁금해요."

"우리 제품이 가격만큼의 쓸모 있는 성능을 갖추고 있는지? 고객들이 직접 사용하면서 불편한 점을 찾아내면 수정하고, 좋은 점은 더 강화시키면 타사보다 뛰어난 제품이 되지 않을까?"

이야기를 하는 동시에 며칠 전에 커피에 관련된 블로그 글을 읽었던 생각들이 떠올랐다.

"수많은 커피 브랜드가 존재하고, 우리는 그 브랜드를 선택하고, 선호하며 이용한다. 그들은 살아남기 위해서 커피맛과 좋은 원두를 사용하는 것에 힘쓰지만, 맛으로 경쟁자와 구별될 수 없다면 아이디어를 비틀고, 나누고, 쪼개서 새로운 전략을 구상할 것이다. 이렇듯 보이지 않는 치열한 전쟁 속에서 소비자의 머리에 각인되기 위하여 엄청난 노력을 하고 있다는 것을 깨달았다."

일주일 후, 시연 제품이 완성되었고, 모두들 제품을 꼼꼼히 살펴보며 시중 제품과 비교했다. 30명의 고객 평가단이 도착했고, 실컷 음식물을 섭취하고 남은 음식물쓰레기를 신제품과 시중에서 판매되는 12개의 제품을 섞어서 처리하도록 하는 과정을 보여주고, 12시간 후 남은 처리물질과 전기세 및 소요시간을 명시한 후 구매 의향을 물어보았다. 고객들은 처리과정과 결과 생성물까지 꼼꼼하게 확인하고, 탈취기능도 민감하게 확인하였다.

결과는 총 3개의 제품이 고득점을 얻었고, 1위 제품은 차 대리의 'Great 분쇄방식을 이용한 음식물처리기'로 선정되었다. 고객들은 합리적인 가격과 빠른 처리 속도 및 탈취기능을 우수하게 평가하였으며, 아쉬운 면으로는 높은 전기세와 분쇄과정의 소음을 손꼽았으나 시중 제품들의 단점을 보완한 우수한 제품으로 선정되었다.

"차 대리, 그 소식 들었나? 자네 제품이 1등으로 선정되었다던데?"

"설마, 그럴 리가요. 이거 혹시 꿈은 아니지요?"

감동적인 순간을 차 대리는 믿을 수 없다는 표정으로 자기 볼을 꼬집어 가면서 기쁨을 만끽했다. 3,000만 원의 주인공이 된 차 대리는 회사 내 일약 스타가 되면서 사내화보지 첫 장의 표지모델로 수많은 매스컴의 인터뷰로 도배가 되면서 화려한 결과를 맺었다.

그리고 그는 지금까지 수동적인 자세와 다르게 새로운 아이디어를 이용한 회사업무에 더욱더 적극적으로 임하는 계기가 되었다.

만년대리 차성엽의 성공은 사내 다른 직원들을 성장시키고, 동기부여시키는 도화선이 되었으며, 나의 리더십과 팀원 관리능력도 같이 회자되어, 주변 팀장님들이 비결을 물어보며 놀라움을 금치 못했다.

음식물처리기 신제품개발방안 기법 사용과정

융합과 분할	SCAMPER	ERRC	악마의 옹호자
제품이나 서비스 등 다양한 측면에서 융합 및 분할을 통해 아이디어를 찾는다.	문제를 이니셜 중심으로 대체, 결합, 적용, 수정, 타 용도 사용, 제거, 재배치 등의 방법으로 아이디어를 찾는다.	문제를 이니셜을 중심으로 제거, 감소, 증가, 창조의 방법으로 아이디어를 찾는다.	도출된 아이디어의 약점을 공격하는 질문을 통해 새로운 아이디어를 찾는다.

SK C&C, '불필요한 업무 줄이자'… ERRC 운동 전개

'지우세요! 버리세요! 줄이세요!'

SK C&C가 불필요한 업무를 줄이고 구성원들의 삶의 질을 제고할 수 있는 창의혁신 기업문화로의 변신에 팔을 걷어붙였다. SK C&C는 구성원 중심의 창의혁신 문화 조성을 위한 마스터 플랜의 일환으로 불필요한 시간.생각.비용을 줄이자는 'ERRC' 사내 캠페인을 진행키로 했다고 밝혔다.

'ERRC'는 기업 경영에서 제거해야 할 요소(Eliminate), 감소해야 할 요소(Reduce), 표준 이상으로 높여 제공해야 할 가치(Raise), 창의적으로 제공되어야 할 요소(Create)의 줄임말로, SK C&C 혁신경영의 방법론인 셈이다. ERRC 운동을 통해 확보된 시간으로 핵심업무 및 역량개발에 집중하는 한편 OT(초과근무)를 축소함으로써 구성원 개인의 삶의 질을 높이겠다는 것이다. 일하는 방식의 혁신을 통해 구성원들이 신바람 나게 일하고, 창의성 넘치는 기업문화를 조성하자는 취지로 혁신경영의 시작을 알리는 신호탄인 셈이다.

SK C&C는 비효율성과 낭비요인을 줄여 업무 생산성을 높이기 위해 ERRC 3대 낭비요인을 제시했다. 개인 및 전사 차원의 업무 프로세스상에 비효율적인 활동으로 인한 시간낭비, 건전한 기업문화 및 구성원 일체감 조성에 저해요소가 되는 잘못된 관행이나 생각, 그리고 불필요한 비용 지출 및 생활에서의 낭비요소가 바로 그 대상이다. SK C&C는 ERRC 운동을 통해 3대 낭비요소를 효과적으로 줄여나감으로써 조직 효율성 개선 및 구성원 삶의 질을 향상시키고, 궁극적으로 전 직원들이 신바람 나게 창의혁신에 참여할 수 있는 기업문화로 거듭 발전시켜 나갈 계획이다. SK C&C는 ERRC 운동의 저변 확대 및 직원 참여를 위해 이를 개인 업무목표에 포함시켜 업적평가에 반영할 방침이다.

또한 프로세스 개선 및 3대 낭비요소 개선에 관한 자유로운 의견 개진을 위해 구성원 간 소통 채널인 'u-심포니'에 전 직원을 대상으로 아이디어 공모전을 시행하고, 우수 아이디어 포상 및 우수 사례를 발굴, 전사에 전파할 계획이다. SK C&C가 올해 기업문화 핵심 과제로 이 같은 구성원 중심의 창의혁신을 선정한 데에는 기존의 톱다운(Top Down)방식의 조직혁신문화의 한계를 보완하기 위함이다. 또한 혁신에 대한 조직 구성원들의 자발적 참여를 이끌어 내 창의적인 에너지를 발산시킴으로써 궁극적으로 기업에 필요한 실질적 혁신문화를 정착시키겠다는 CEO의 혁신경영철학과 무관치 않다는 것이 회사측 설명이다. SK C&C SKMS/CR 본부장 진영민 상무는 '창의혁신을 위한 중점 추진과제를 단계적으로 확대 시행함으로써 글로벌 리딩 IT 서비스 기업에 걸맞은 명품 기업문화를 만드는 데 총력을 다할 것'이라고 밝혔다.

자료 : 아시아투데이 2010. 4. 12

문제를 바꾸어서 IDEA를 개발하라

4
Part

인셉션 : Inception(2010)

- 영국, 미국 합작의 SF 액션 스릴러 영화로 크리스토퍼 놀란 감독이 각본, 제작을 맡았다.
- '드림머신'이라는 기계로 타인의 꿈에 접속해서 생각을 빼낼 수 있는 미래사회의 '꿈도둑'과 타인의 꿈에 침투하여 새로운 생각을 심는 '인셉션' 프로젝트에 관한 영화이다.
- 기존의 생각 틀을 벗어나 일반적인 문제가 아닌 새로운 문제로 인식하고 신선한 아이디어를 낼 수 있는 기법을 이번 파트에서 배울 수 있다.

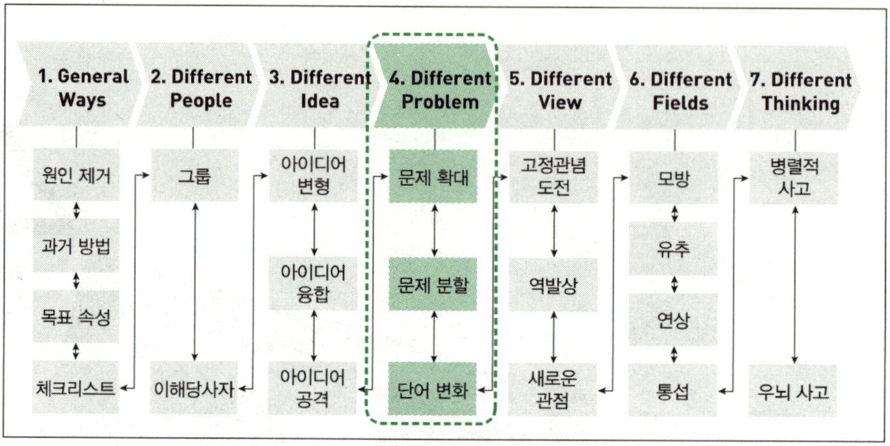

Part 4. 문제를 바꾸어서 새로운 IDEA를 개발하라(Different Problem)

Chpater 1. 위기 속에서 기회를 찾다

#1. 사람에 따라서 문제는 달리 보인다.
#2. 섬유유연제 시장의 홍보전략을 수립하라

Chpater 2. 문제를 바꾸어서 IDEA를 구하라

#3. 문제를 나누어서 아이디어를 개발하라
#4. 문제범위를 확대해서 아이디어를 찾아라
#5. 문제단어를 연상해서 아이디어를 구하라

Chpater 3. 이미지를 개선해서 신뢰를 높여라

네 번째 파트 이야기

경쟁사 P&Z의 섬유유연제 '정다우니'에서 유독물질이 검출되는 사건이 발생한다. AG건강생활에서 기회로 인식하고, 야심찬 마케팅전략을 세우지만 1위 탈환은 멀고 먼 길처럼 쉽게 이루어지지 않고, 급기야 경영컨설팅팀에 의뢰하는데…….

과연 윤 과장은 새로운 아이디어를 통해서 판매시장 1위를 차지할 수 있을 것인가?

Chapter 1

위기 속에서 기회를 찾다

#1. 사람에 따라서 문제는 달리 보인다

타사의 제품에서 유독성 물질이 검출되다!

간만에 아침 일찍 눈이 떠졌는데 무언가 꿈자리가 뒤숭숭한 느낌이었다. 실컷 자고도 시원하게 잔 것 같지 않은 느낌이 불편해서 평소보다 이른 시간에 회사에 도착해 천천히 커피를 마시고 있는데 회의실에서 기획팀과 홍보팀이 긴급하게 회의를 진행하는 모습이 보였다. 나와 아무런 상관도 없다는 듯이 탕비실에 있는 오늘자 '조아일보'를 천천히 읽는 순간 1면지에 경쟁사 'P&Z'의 섬유유연제 '정다우니'가 진열된 사진이 전면 클로즈업되어 있었다.

이전에 소비자단체에서 섬유유연제 제품을 조사한다는 이야기는 들었었지만 이렇게 큰 파장을 일으킬 것인지는 아무도 예측하지 못했을 것이다.

◉ 한국 P&Z 섬유유연제 '정다우니'에서 피부염 유발물질 검출

조아일보 2012년 11월 14일자
한국 P&Z에서 수입판매하는 섬유유연제가 피부염이나 천식 등을 유발할 수 있는 유해물질을 함유하고 있는 것으로 드러났다.
소비자와 국민모임에 따르면 '정다우니' 제품에서 유독물질인 글루타알데히드가 98 mg/kg 검출됐다.
글루타알데히드는 소독제나 방부제에 사용되고 있으며, 밀폐된 장소에서 다량 흡입할 경우 암을 유발할 수 있다는 주장이 제기되고 있는 물질이다.
소비자와 국민모임은 AG건강생활(샴푸란), 한국P&Z(정다우니), 옥쉬(쉐라리), 피지온(피지온), 애정(하이린), 국화(아로마랑)로 6개 업체 12개 제품을 대상으로 성분 분석을 실시하였다.

급하게 회의실로 뛰어 들어가는 조동희 팀장과 눈이 마주쳤다. 나의 인사를 본체만체 하고 회의실로 급하게 들어가고는 이윽고 다시 나와서 나를 불렀다.

"윤 과장, 오늘 급한 일도 없는데, 왜 이렇게 일찍 출근했어요?"

"원래 아침 일찍 와서 커피 한 잔 하면서 오늘 할 일 체크하고, 업무 시작하는 습관이 있습니다."

"여유 있으면 회의실에 들어와요. 긴급한 회의가 있으니까요."

조 팀장은 갑자기 회의실로 나를 불렀고, 조 팀장을 따라 들어가는 나를 보고 여러 사람들이 웅성웅성 거렸다.

타사의 실수가 우리 회사에게 선두로 가는 기회를 주다

"창조컨설팅팀까지 부를 필요 있나요? 경쟁사에 관련된 문제이고, 득이 될지, 실이 될지 정확하게 예측된 것도 아닌데……."

갑작스럽게 나의 등장에 놀라는 다른 팀장들의 모습을 보니 왠지 못 올 곳에 온 것 같은 마치 민폐를 끼치는 것처럼 느껴졌다.

"용 팀장님, 저도 그 생각에 동의합니다만 문제가 심각해지면 창조컨설팅팀에게 넘어가는 상황이 생길 수도 있지요. 만약 그때가 되면 예측하기 어려울 정도의 큰 문제가 되겠지요. 윤 과장을 데리고 온 이유는 정보를 서로 공유하고, 문제가 커지면 창조컨설팅팀에서 문제를 수월하게 풀도록 돕도록 하는 것입니다."

모두들 조동희 팀장의 한마디에 조용해지고, 분위기가 차분하게 정리되었다.

"다행인 게 우리 제품에는 유독물질이 검출되지 않았다는 점입니다. '정다우니'를 사용하는 충성고객들이 국내 판매 2위인 자사의 '샤푸란'으로 옮겨올 것이라는 전망입니다. 이 사건이 저희에게는 호재일 것으로 보입니다."

참여한 모든 이들이 이 부분에 동의하는 것으로 보였지만 한 가지가 마음에 걸렸다. 혹시나 이러한 불신이 다른 제품으로까지 확대되어 전체시장의 판매량이 절감되지 않을까 하는 부분이 우려되었지만 노파심이라는 생각이 들어 따로 이야기하지 않았다.

결국 자사의 '샤푸란' 제품의 가격을 절감하고, 홍보 프로모션을 확대하여 '정다우니' 제품의 충성고객을 모셔오는 방향으로 회의를 마쳤다.

조 팀장의 뛰어난 안목으로 섬유유연제 판매 1위에 등극하다

다음 날부터 분주하게 섬유유연제의 가격을 5% 인하하고, TV광고도 기존 하루 2번에서 6번으로 증가시켰다. 라디오 광고를 시작하여 인지도를 상승시키는 일련의 모든 과정을 통해서 4주 후 자사제품이 경쟁자들을 제치고, 판매 1위를 달성하는 기염을 보였다.

이번 일로 조동희 팀장의 뛰어난 상황 판단력과 발 빠른 대처능력을 인정받았다. 지금까지의 조 팀장은 업무보다는 처세술만 뛰어난 사람이라고 생각했는데, 그건 고정관념과 질투심이 아니었는지 마음 한편으로 미안한 생각이 들었다.

"이번 건은 내가 조 팀장에게 진 것이나 다름없다. 나는 더 많이 배워야 한다"라고 스스로를 반성하며 더욱 의지를 불태웠다.

#2. 섬유유연제 시장의 홍보전략을 수립하라

신기루 같은 1위의 기억이 거품처럼 사라지다

머릿속 지우개가 과거를 남김없이 지우려고 할 때, 문제가 본성의 이빨을 드러내며 실체를 보여주려고 하고 있었다. 그것은 책상에 놓인 12월자 월간 보고서로부터 시작되고 있었다. 보고서를 읽고 있던 중 심각한 마케팅 문제를 발견하였다.

섬유유연제 판매량이 전체 생활용품 판매량 품목 중에서 최하위를 기록했기 때문이다. 2주 전에 잠깐 상승한 것도 순간인 듯 다시 하락세로 접어들고 있었는데 경쟁사는 더 심각한 수준이었다.

P&Z는 한국시장 내 평균 25%의 판매 점유율을 가지고 있었는데 지금은 1/4 수준인 6%대로 떨어진 상태이다.

우리 회사는 19%의 점유율에서 28%까지 상승했었고, 지금은 21%의 점유율을 보유하고 있었지만 사실상 판매량은 전년 대비 80%밖에 이루어지지 않았다.

게다가 설상가상으로 3위 수준이었던 '피지온'이 26%대의 점유율을 보이며 선두에 올라서 있는 것이 아닌가?

그리고 역시 아니나 다를까 보고서가 나오자마자 모두들 웅성대는 소리가 들렸다. 심각한 문제가 감춰둔 고개를 들기 시작한 것이다.

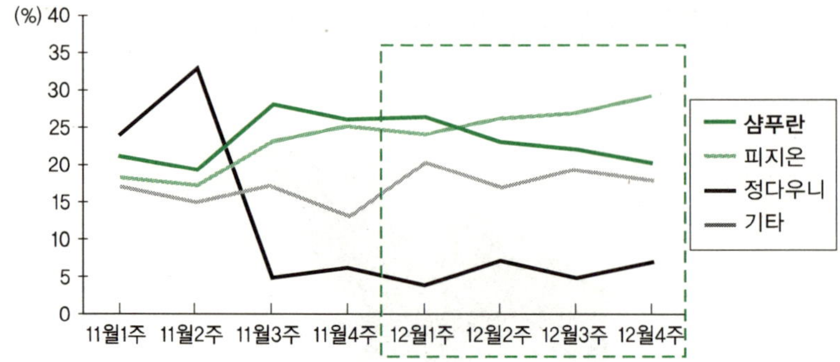

섬유유연제 판매량과 시장점유표

"윤 과장, 회의실로 와야 할 것 같아요."

심각한 표정의 조동희 팀장이 다급한 목소리로 말했고, 나도 무언가를 깨달았다는 듯이 조용히 회의실로 몸을 옮겼다. 각 팀의 수장들이 모여서 2주 전보다 더욱 심각한 표정으로 이 문제를 어떻게 해결해야 할지 난감해 하는 상황에 홍보팀 용재수 팀장이 처음 말문을 열었다.

섬유유연제 판매 하락의 원인은 본질적인 문제에 있었다

"마케팅 측면에서의 문제는 아닙니다. 현재 전체시장이 크게 하락하였고, 각 회사마다 전년 대비 약 30~40% 감소된 판매량을 보이고 있습니다. 섬유유연제는 이제껏 안정적인 시장을 보여 왔었던 것에 비하면 조금은 충격적인 현재 상태를 보이고 있습니다. 지난 5년간 판매량이 약 5~10% 내외로 변동되었고, 수량이 감소되어도 판매수익은 오르는 양상을 보였는데, 현재는 30% 하락한 수량에 전체 판매금액도 30~40% 떨어진 것으로 추정됩니다."

"'정다우니'의 신뢰도 문제가 전체 섬유유연제 시장으로 확대된 것처럼 보이는데, 다른 분들은 어떻게 생각하십니까?"

"하긴 요즘 신문기사와 환경운동가 칼럼들 보면 섬유유연제가 피부건강이나 환경에 안 좋은 영향을 끼치고 있다고 소비자에게 경각심을 불러일으키는 것 같아요."

"그렇게 건강을 해치는 소재도 아니고, 오히려 알로에 베라 함유로 피부를 보호하는 성분도 들어가 있는데…… 화장품과 비슷한 소재인데도 불구하고, 피부에 직접 닿는 화장품보다 유해한 성분이라고 인식하고 있다니."

"그래요. '정다우니'의 문제도 무시할 수 없지만, '피지온'에게 시장점유율을 역습 당한 이유는 무엇일지가 궁금합니다. 이러고도 마케팅 측면에서 문제가 없었다고 말할 수 있어요?"

"'피지온'은 원래 수년간 시장점유율 1위로 섬유유연제 업계의 선도주자이자 독특하고 향수와 같이 오래 지속되는 향기로 막강한 충성고객을 가지고 있는 브랜드입니다."

여기저기에서 현재 상황에 대한 이야기로 꽉 채워졌고, 모두들 사태의 심각성과 근본원인을 찾는 대화로 회의장을 들썩였다. 시끄러운 상태가 복잡하고, 엉성했는지 조동희 팀장이 나서서 상황을 수습했다.

"생각보다 처리해야 하는 문제들이 많은 것 같은데, 일단은 우리 문제가 어떤 것으로 되어 있는지 한번 나열해 보고, 정리해 봅시다."

- 타사제품에 환경호르몬 및 알레르기를 일으키는 성분이 대량 포함되어 물의를 일으킴
- 타사브랜드 '피지온'의 점유율이 급상승하며 시장을 장악함
- 섬유유연제의 신뢰도가 하락하며 전체시장이 축소됨

위와 같이 주요한 문제로 3가지가 거론되었다.

"이렇게 다 같이 모여서 토론해도 쉽게 해결책을 내지 못하고 있는데, 창조컨설팅팀에 맡겨보는 것 어떨까요? 지금까지 굵직한 문제들을 잘 해

결한 전적도 있고, 심각한 문제를 해결할 뿐만 아니라 성공적으로 역전시켜서 극복한 기록들도 가지고 있으니, 이런 일은 윤 과장이 딱 적임자인 것 같은데, 어때요? 윤 과장."

이 말이 끝나기 무섭게 용재수 팀장의 반격이 시작되었다.

"하지만 마케팅팀도 있고, 홍보팀에서도 해결할 수 있는 문제를 왜 굳이 윤 과장에게……."

모두들 의아한 표정으로 조동희 팀장을 바라보았다. 그리고 이내 나의 의중을 물어보는 분위기로 이어져갔고, 조심스럽게 말을 꺼냈다.

"네, 사실 이 문제에 대해 사실 왜 갑자기 점유율이 하락했는지 이유는 자세히 모르겠는데요. 한번 팀원들과 힘을 합쳐서 문제를 해결해 보겠습니다."

나는 조금의 망설임도 없이 흔쾌히 받아들였고, 모두들 우리 팀이 문제를 해결할 것이라고 확신하는 분위기로 변했다. 옆에 서 있던 조동희 팀장이 웃으며 말을 걸었다.

"역시 윤 과장, 어려움을 모르는 투지의 사원이야."

Chapter 2

문제를 바꾸어서 IDEA를 구하라

가장 큰 원인은 마케팅이 아니라 전 세계적인 불황에서 비롯되었다

이번 회의는 몇 건의 성공적인 일처리로 우리 팀이 회사 내 해결사로 불리기 시작했음을 반증하는 결과였다. 으쓱해진 기분으로 팀으로 돌아가서 사실을 전하고, 다 같이 이 문제를 해결하려 지난달 매출 자료와 몇 개의 데이터를 확인하고 있었다. 생각보다 일이 쉽게 풀리겠다고 기분 좋게 리뷰를 하다가 몇 가지 이상한 점이 눈에 띄었다. 확인해 보니 일관성 있게 다른 생활용품 품목들도 전체적으로 판매량이 전년 대비 줄어 있었고, 모든 시장이 축소되고 있는 것처럼 보였다.

“과장님, 현재 불황 때문에 판매량이 축소되고 있는 것 같습니다. 꼭 섬유유연제 시장뿐만 아니라 각종 세제 종류도 판매량이 하락하는 추세로 가고 있습니다. 마케팅적 방법을 사용해서 점유율을 잠깐 높이는 방법이 있을 수는 있겠지만 근본적인 문제를 찾으려면…….”

“흠…… 그러게 나도 자료를 찾아보고 있는데, 데이터가 원 사원이 본 것과 마찬가지로 시장이 축소되는 심각한 불황의 시기로 접어들고 있다고 명시하고 있구나.”

아까의 생각을 뒤집고, 이 문제가 아주 쉽게 풀리지 않을 것 같다는 불안한 생각이 먼저 들기 시작했다. 차라리 섬유유연제 시장을 꿰뚫고 있던 마케팅팀이 맡았다면 훨씬 수월할 것이고, 또한 포기할 부분과 적극적으로 육성해야 할 부분에 대해서 정확히 알았을 텐데, 배경지식이 없던 창조컨설팅팀에서 처리하기에는 실험적이고, 조사 및 확인해야 할 부분이 마케팅팀보다 몇 배는 많은 것처럼 느껴졌다. 분에 넘치는 어려운 프로젝트를 받은 것이 아닌지, 후회가 밀려왔지만 다시 잘할 수 있다며 마음을 먹었다.

우려가 현실이 되다

‘터덕터덕’ 소리마저도 엉성하고, 힘이 없는 발걸음으로 아래층 커피숍으로 향하다가 3층 복도 계단에서 대화 중인 조동희 팀장과 용재수 팀장의 모습이 보였다. 둘은 심각하게 언쟁을 하는 것 같은 분위기에 나도 모르게 조용히 벽 뒤편으로 숨었다.

“조 팀장님, 무슨 생각으로 기획팀의 일을 창조컨설팅팀에 맡기신 건가요? 이건 마땅히 우리 팀에서 해결할 수 있는 일인데, 지금 책임전가하시는 건가요?”

“이제 그 이야기는 그만하셔도 될 것 같은데요. 아까 충분히 설명 드렸잖습니까? 창조컨설팅팀에서 원래 이런 방식의 까다롭고, 답이 딱 보이지 않고, 시간만 축낼 것 같은 일을 전문적으로 처리하는 팀이 잖아요. 쓸데없는 일까지 우리가 할 필요는 없을 것 같습니다.”

"만약 창조컨설팅팀이 이 문제를 쉽게 해결하면, 회사 내 우리 팀의 가치가 하락하는 것 아닌가요?"

"글쎄요. 이 전 세계적인 불황을 타계하고, 섬유유연제 브랜드를 스타급으로 올려놓는다면 모를까? 제가 P&Z 출신인 거 잊으신 것 같은데요. 지금 '정다우니' 문제로 인해서 미국 본사에서 해결하려 TFT팀이 신설되었고, '피지온'에서 올해부터 효자 판매종목인 섬유유연제 파트를 부활시키기 위해서 야심차게 마케팅전략을 냈어요. 지금 그 노력들이 하나 둘씩 드러나고 있어요. 이런 상황에서 우리 창조컨설팅팀이 어떤 방향으로 전략을 짜고, 큰일을 해낼지 모르겠지만, 제 생각에는 어느 아이디어도 현재 상황에서는 계란으로 바위 치기일 것이라는 거죠."

멘토의 조언을 통해서 윤 과장의 반격이 시작된다

둘의 대화를 들으며 사실을 알고 나니 머리가 아파오지만 쉽게 호락호락하게 당할 내가 아니기에 일단 시급하게 판매부진의 원인을 찾아내고, 이 상황을 이겨내야 한다고 생각하고 다급하게 멘토님에게 전화를 걸었다.

"제가 지금 사면초가에 빠진 것 같아요. 섬유유연제에 대한 불신을 가지고 있는 소비자들에게 긍정적인 영향을 주고, 세계적인 혹독한 불황을 타계해서 섬유유연제 판매량을 늘릴 수 있을까요?"

"그렇게 직접적으로 물어보면 내가 어떻게 대답해 주나. 그건 세계적인 학자들도 손사래 칠 문제인데. 정답 말고, 문제를 풀 수 있도록 이야기를 하나 해주지. 첫 번째 이야기는 정수기에 관련된 이야기인데, 혹시 '렌탈'이라는 개념을 먼저 시장에 도입한 회사가 어디인지 아나?"

"당연히 '웅진 코웨이'지요. 대부분 가정에 정수기 하나씩은 가지고 있을 걸요."

"그래 잘 알고 있구먼. 만일 웅진코웨이가 제품을 '팔아야 한다'라는 기존 방식에만 머물렀다면 매출은 2,000억 원을 넘지 못했을 것이네."

"우와~ 2천억 원도 큰돈인데, 보통 이 정도 매출이면 대부분 만족하실 것 같은데요."

"기발한 아이디어로 경쟁이 극심한 '판매위주의 시장'을 벗어나 '임대방식'으로 사업방식을 전환하는 계기를 마련하게 되었다네. 2008년 매출 1조 3,000억 원을 달성하고, 국내시장 1위를 고수할 수 있었지."

"그런 비밀이 숨겨져 있었군요. 영리한 방법인데요."

"다른 사례도 말해 주지. 세계 최초의 엘리베이터를 만든 오티스(OTIS)도 사업 초기엔 느린 속도 때문에 어려움을 겪었다네. 속도 향상을 위한 개선 작업의 성과는 더뎠고, 기술력이 뒤따라 주지 않았기 때문에 기술진과 경영진 모두 큰 난관에 부딪혔다네."

"지금은 눈 깜짝할 새에 50층에 올라가던데. 기술의 발전이 느껴지네요."

하지만 "해결의 실마리는 기술에서 나온 것이 아니라 엉뚱한 곳에서 발견되었다네. 우연히 엘리베이터 안의 사람들을 관찰하던 한 여성 관리인이 엘리베이터 안에 거울을 달아놓으면 이용자들이 거울을 보느라 느리다는 사실을 알아채지 못한다는 점을 깨달았다네."

"신기하네요. 속도라는 키워드에서는 한계가 있을 텐데, 시간이라는 키워드에서는 변화의 가능성이 있었던 거였네요!"

"그렇지! 오티스는 더 빠른 엘리베이터를 설치하는 대신 이용자들의 시간에 대한 감각을 바꾸어 놓음으로써 손쉽게 해결할 수 있었던 것이지."

"이제 어떻게 해결해야 할지. 감이 오기 시작했어요!"

"그래, 문제를 문제 그대로 읽어내지 말고, 다른 의미로 바꾸어서 해결하도록 해보지. 아이디어 개발방법론 중에서 네 번째 단계인 '다른 문제로 만들어라(Different Problem)'를 한번 연구해 보는 것이 좋겠네."

#3. 문제를 나누어서 아이디어를 개발하라

가격을 낮춰서 다시 1위를 탈환하는 방법을 생각해 보다

비장한 각오로 출근한 다음 날 우리 팀은 아침 일찍 회의실로 모였다. 서로 사태의 심각성을 깨달았는지 웃음기 하나도 없는 진지한 표정이었다.

"이제 우리가 풀어야 할 과제에 대해서 깨달았으니 해결할 방법을 찾아봅시다."

"과장님 일단 제 생각에 강력한 프로모션밖에 답이 없을 것 같습니다. 일단 1+1 제품부터 시장 전체에 깔아놔야 어느 정도 승산 있을 것으로 보입니다."

불행히도 돈으로 하는 전쟁은 우리에게 완벽한 방법이 아닌 것 같다는 생각에 말을 꺼냈다.

"우리는 불행히도 진행 중인 프로모션을 제외하고, 다른 프로모션 비용은 받기 어려울 것 같습니다. 최대한 현재의 자원을 적극적으로 활용하는 게 가장 좋은 방법이지요."

"그렇다면 무슨 해결책이 필요하나요? 어떻게 한정된 자원과 시간을 가지고, 공격적으로 마케팅하는 적들의 싸움을 이겨내고, 세계적인 불황을 타계하라라고 하시는지…… 고작 아이디어 하나로 우리 전체를 먹여 살릴 생각이라도 하라는 건지. 원……."

차 대리가 푸념 섞인 말을 한 뒤 이 대리가 맞장구치듯이 말을 이어갔다.

"이제야 본성을 드러내는 거지. 창조컨설팅팀이 본래의 역할을 하니깐 자기네들의 자리가 불안해지기 시작한 거야. 칭찬하고, 열심히 하라고, 적극적으로 부추길 때는 언제고, 이제 와서 저렇게 누런 이빨을 드러내고, 환희의 표정을 짓고 있다니. 무서운 사람들."

우리의 방법은 어리석은 행동에 불과한 것이었다

이러다가는 회사 내에 큰 싸움이라도 몰고 올 것 같이 우리 팀이 불만을 표출하는 바람에 더 이상 토론을 진행할 수 없었다.

회의를 마치고, 멍하니 '창의적 문제해결' 사이트를 바라보고 있었다.

도대체 어떻게 문제를 다르게 받아들이고, 변형해서 해결해야 하는 것일까?

몇 번의 고민 끝에 교수님께 '카톡'을 보냈다.

안부를 묻고, 일상적인 이야기를 하다가 교수님께서 무언가 눈치를 채신 듯 먼저 말을 꺼내셨다.

"자네 또 무슨 어려운 일이 생긴 모양이지?"

"역시 교수님은 독심술을 배운 것처럼 제 속을 꿰뚫고 계시군요. 문제를 바꿔서 다르게 생각하는 것은 이해했는데 어떤 방법으로 해야 할지 잘 모르겠어요."

"그래? 아직도 방법을 잘 모르겠다는 거지. 내가 지금 피자집에 와 있는데 혹시 피자 한 판을 혼자 먹는 방법을 아나?"

"네? 피자 한 판을 혼자 다 드시려고요? 너무 많아서 주변 사람들과 나누어 먹는 게 가장 좋은 방법인 것 같은데요."

"그렇지, 크게 한 판을 혼자 다 먹기는 힘들지. 12조각으로 잘라서 주변 사람들하고 나누어 먹는 게 가장 좋은 방법인 거 잘 알고 있구먼, 문제를 큰 전체로 보고 있는 것 아닌가? 가끔은 전체를 조각조각 나누어서 볼 필요가 있다네, 문제를 크게 전부 다 바라볼 필요가 있지만 그 전체가 어떻게 나누어져 있는지 아는 것도 중요한 팁이 되니까."

전화를 끊고, 안도의 한숨을 내쉬었다. 하지만 수수께끼 같은 답이 머릿속을 맴돌았다. 전체를 나누어서 보라는 말 한마디에 내 머릿속은 다시 혼란스러운 단계로 접어들고 있었지만 이내 침착하게 책을 뒤적이며 보고 또 읽어보고 있던 중 '분할' 기법이 눈에 띄었다.

"이것을 말씀하고 싶으신 것이구나!"

어둠 속에서 작은 빛을 찾은 것같이 뛸 듯이 기뻤다.

아이디어 개발 필살기 13 분할

'**분할**' 기법은 문제를 여러 개의 단어로 나누고, 이들 두 단어에 관련한 속성들을 찾아낸 다음, 이를 개선할 수 있는 새로운 아이디어를 만들어 내는 기법이다.

1. 문제와 기회의 정의 : 해결하고자 하는 문제나 기회를 정의한다.
2. 단어 선정 : 문제나 기회의 속성을 나타내는 두 단어를 선정한다.
3. 속성의 세분화 및 아이디어 개발 : 속성을 나타내는 단어를 세분화해서 속성을 추가하고, 속성에 적합한 아이디어를 개발한다.

다음 날 점심 가장 큰 사이즈의 피자를 사들고, 팀원들을 모아 아이디어를 개발하기 위해 힘을 내서 이야기했다.

섬유유연제에 대한 정보를 작게 나누어서 판매부진의 원인을 살펴보다

"현재 섬유유연제 시장은 전 세계적인 불황으로 판매량이 감소하고, 경쟁사들의 적극적인 마케팅으로 사면초가의 상태인 보시다시피 행복하고, 즐거운 상황은 아니지만 지금 당장 전략을 세우고, 작지만 하나씩 승리하는 형태로 크게 키워봅시다."

"네, 저희는 팀장님의 아이디어를 믿습니다. 어떠한 기발한 아이디어로 지금 상황을 벗어나게 만들 것이라고, 믿어 의심치 않습니다."

"네, 고마워요. 감사하고 또 감사합니다. 제가 생각한 문제점은 '섬유유연제 시장의 판매부진'입니다. 마케팅의 기본요소인 4P를 큰 축으로 생각을 나누어 보고, 세분화하여 문제를 찾아내고, 거기에 맞는 아이디어를 도출하는 방향으로 생각했는데 여러분 생각과 한번 조율해 봅시다."

팀원들은 적극적으로 시장조사한 것을 바탕으로 문제점 찾기에 나섰다. 막막하게 느껴졌던 판매부진이라는 큰 산도 하나하나 익숙해지기 시작했다. 세계적인 불황이라는 큰 벽을 인정하고, 그것을 제외한 우리가 할 수 있는 일들을 찾기 시작했다. 고객들의 생각을 읽어보고, 자사제품을 경쟁우위에 유리하도록 문제점을 회의실 화이트보드에 작성했다.

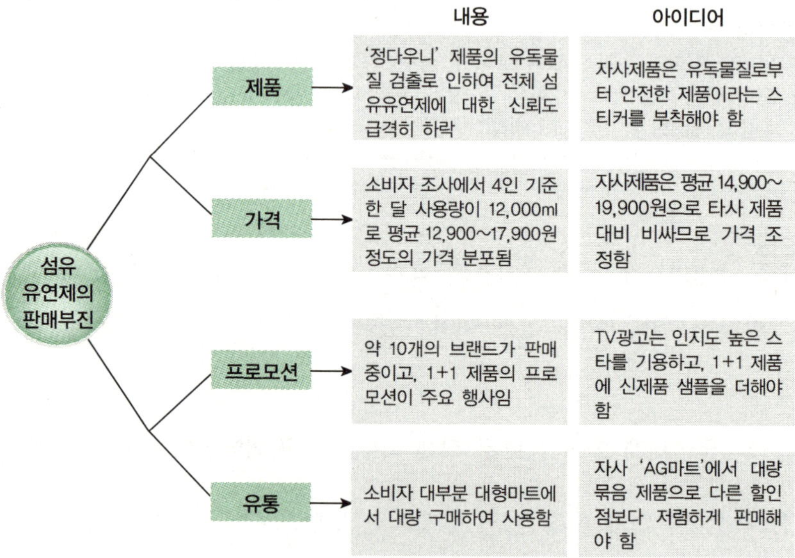

섬유유연제 판매부진 아이디어

해당 표와 같은 문제점을 알아내고, 우리는 즉각적으로 시장 평균가격으로 가격을 내리고, 1+1 제품에 신제품 샘플로 100ml를 덤으로 붙이고, 유독물질로부터 안전하다는 스티커를 붙이기로 결정했다. 적은 비용으로 고객의 니즈를 수용하고, 개선함으로써 판매량은 다시 상승곡선으로 돌아왔다.

섬유유연제 판매부진 개선방안

1. **제품** : 유독물질 안전 스티커 부착
2. **가격** : 가격 낮추기(약 1,000 ~ 2,000원 정도 낮춤)
3. **프로모션** : 신제품 샘플 제공하기
4. **유통** : 자사 대형마트에서 가장 저렴한 대량 묶음제품 판매함

#4. 문제범위를 확대해서 아이디어를 찾아라

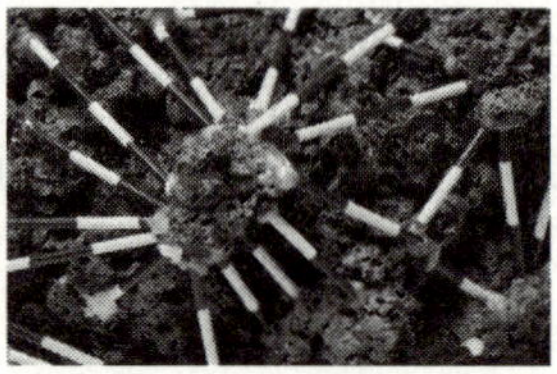

물량공세로는 한계가 있다

어떤 문제가 있는지, 그리고 어떻게 해결해야 할지 '분할' 기법으로 찾아내고, 개선하니 판매량은 어느 정도 안정적인 선을 그리며 올라가고 있었다.

하지만 몇 주 후 우리 팀의 아이디어로 상승하던 판매량도 '피지온'의 공격적인 물량공세에 다시 하락세로 접어들고 있었다.

"도대체 어떤 방법으로 단시간에 점유율을 높일 수 있는 거지?"

"과장님 제 생각에 백 번 듣는 것보다 한 번 보는 게 나으니, 실제 찾아가서 어떤 방법으로 판매하고 있는지를 보고 오는 것이 가장 좋은 방법인 것 같습니다."

원 사원의 대답이 옳다고 생각되어 겉옷을 챙기고, 급한 마음에 근처 대형마트를 찾았다. 이런 열정에도 불구하고, 그들의 프로모션에 고개를 숙일 수밖에 없었다. **그들은 1+1이 아닌 그 이상으로 1+1+1이라는 배보다 배꼽이 더 큰 방법이자, 한 개의 가격에 두 개를 더 챙겨주는 방식**으로 주부들의 마음을 사로잡았다. 팀원들은 망연자실한 표정으로 나에게 말했다.

"아…… 무슨 제로섬게임도 아니고, 어떻게 저들의 방법을 막을 수 있을까요? 월등히 저렴하고, 품질에서 다른 제품과 차이가 없고, 모든 면에서 완벽한 상황인데요."

"그래, 다른 방법이 필요할 것 같아. 좀 더 획기적인 방법으로 '피지온'보다 더 비싼 우리 제품을 고객들이 스스로 찾고, 구매할 수 있는 아이디어가 가미된 상품이 필요할 것 같아. 그렇다고 새로운 향이 들어간 신제품을 당장 출시할 수도 없는 노릇이고……."

"어렵다." 어렵다고 반복하고 있을 무렵 가뭄에 단비가 내리 듯이 멘토님에게 문자가 왔다.

"피자 맛있게 먹었나? 한꺼번에 먹으려고 하면 체하는 법이지."

역시 첫술에 배부를 수 없다는 내 상황에 딱 맞게 떨어지는 교훈으로 첫 멘트를 시작하셨다. 한 번 분석해서 찾아낼 수 있는 아이디어라면 적들도 다 흉내 낼 수 있을 정도로 가능한 것이겠지.

"교수님, 피자는 맛있게 잘 나눠서 먹었는데 생각보다 배부르지가 않습니다. 토핑도 많고, 양도 적당하고 타사와 거의 유사한 품질인데 경쟁사 피자가 월등히 저렴하면 이 사업을 철수하는 것이 옳을까요? 아니면 경쟁사와 비슷한 수준으로 계속 가격을 낮추는 것이 옳을까요?"

"허허허, 흔히들 하는 걱정인데, 꼭 소비자가 가격에만 민감할 것이라고 생각을 고정시켜 놓은 자체가 더 큰 장애 아닌가?"

"이런 불황기에는 무엇보다 우선시되는 게 '가격' 아닌가요?"

"그렇다고 손해 보고 팔면 쓰나. 그리고 분명 그 시장을 개척할 때는 돈 이상의 큰 노력이 사용되었을 텐데 쉽게 포기할 수도 있나. 고객이 가격에만 민감할 것이라고 생각하는 것 자체가 큰 문제일세. 그것부터 생각을 수정하고 나서 다시 생각해 보게나. 참 자네한테 당부할 것이 하나 있는데 문제의 크기를 키워 보게나. 그럼 진정으로 싸워야 할 상대가 보일 걸세."

마지막 문자를 받고 난 후, 마음이 복잡해졌다. 가격에만 집착해서 문제를 개선하려던 나의 태도가 문제라고 생각하니, 그러면 다른 어떤 점을 개선해야 할 것인지, 분할기법으로 작성된 표를 계속 들여다보고 있었다.

마침내 소비자의 생각을 읽어내다

"그래, 가격을 낮추어서 소비를 권장하는 것보다 섬유유연제가 안전한 제품이고, 빨래를 위해서 꼭 필요하다는 생각을 갖게 하는 것이 더 우선인지도 몰라. 불신하는 사람들은 가격이 낮다고 해서 구매행동을 하지 않을 거라 말이지."

"과장님, 아주 틀린 생각은 아닌 것 같아요. 가격에만 집착하다 보면 제로섬게임에서 벗어날 수 없는데, 고객의 생각을 조금만 수정할 수 있다면 판매폭이 증가할 것 같은데요."

우리의 이야기를 천천히 듣고 있던 이 대리가 의문스러운 눈빛으로 이의를 제기했다.

"그런데 문제는 어떻게 안전성을 보여주는 것인가 하는 점이에요. 현재 광고를 수정하는 것도 시간이 걸릴 것이고, 인터넷에서 여론을 형성하기에는 객관적인 근거가 없는 것도 문제이고, 쉽게 표출하기 어려운 증거 같아요."

나는 팀원들의 이야기를 들으면서 교수님과의 대화를 떠올렸다. 문제의 크기를 키워서 심각하고, 어려운 문제를 마주하라는 그 이야기가 계속 머릿속에서 맴돌았다. 어떻게 이 문제를 키워야 할까 생각하며 책을 뒤적거리고 있을 때 '문제범위 확대' 기법이 눈에 들어왔다.

아이디어 개발 필살기 14 문제범위 확대

'문제범위 확대' 기법은 처음에 설정한 문제를 서로 다른 형태로 분해하고, 재구성해서 문제를 다시 분석하고, 진단하는 기법이다.

1. **문제 정의 및 해결목표 설정** : 문제를 정의하고, 현재 해결하고자 하는 목표를 설정한다.
2. **목표 재구성 및 해결방안 도출** : 문제의 목표를 다른 형태로 재구성하면서 해결방안을 찾아본다.
3. **관점과 범위의 재검토** : 재구성된 목표들의 해결방안을 분석하면서 문제에 대한 관점과 범위를 재검토한다.

"어떻게 고객들이 우리 브랜드를 알고, '샤푸란'이 환경호르몬과 유독물질 없이 자연성분으로 건강한 피부를 유지하게 할 것이라고 믿고, 구매하게 할 것인가? 원 사원 좋은 아이디어 생각해 봤어요?"

"제 생각에는 피부를 위한 세제라는 점을 강조하기 위해서 자연성분을 표기하는 것이 좋을 것 같아요. 제품 겉면에 '유독물질 없는 안전한 섬유유연제+자연성분 함유' 이렇게 표기되는 것으로 광고와 포장패키지를 변경하는 것을 추천합니다."

"오오~ 좋은 생각이야. TV광고와 라디오광고를 수정하는 것도 생각해 보자."

"차라리 고객의 관점을 바꾸기 위해서 섬유유연제에 대한 이미지를 재인식시켜 주는 것은 어떨까요? 제품을 끼워 팔고, 싸게 팔기가 아닌 건강하고, 좋은 제품 구매하기로 인식을 전환하는 것도 좋을 것 같은데……."

"바로 그거야!! 전략을 재구성하는 거지. 캠페인 형식으로 섬유유연제에 대한 인식도 개선하고, 덕분에 우리 회사 이미지도 건강하고, 밝은 제품을 만드는 기업으로 바꾸는 거지."

섬유유연제 목표의 재구성

	초기 목표	목표의 재구성 1	목표의 재구성 2
목표	판매량 증가	피부건강을 위한 섬유유연제	건강한 환경을 위한 섬유유연제
해결 방안	가격을 낮추고, 유독물질 없는 안전한 제품	알로에성분이 포함되어 피부 보습을 높이고, 영유아가 사용해도 안전한 제품	유독물질을 사용하지 않은 지구환경을 생각한 제품
관점과 프레임	가격조절 및 고객의 인식 전환	안전한 제품이라는 신뢰 구축	친환경 이미지 생성

표를 작성하고, 회의를 통해 이야기하면서 목표를 분명히 하고, 개선할

문제점을 보며 진정으로 나아가야 할 방향을 찾았다. 많이 팔아서 시장에서 1위 기업으로 경쟁우위를 갖는 것이 당장을 위해서는 좋은 일이지만 지금 우리의 전략은 미래를 위해 정성들여 쌓고 있는 벽돌같이 느껴졌다. 방향을 결정하고, 기획서 작성에 돌입했다. 1~2주에 완성될 계획이 아닌 최소 6개월에서 1년의 큰 준비가 필요하고, 서서히 물들이는 계획이기 때문에 생각보다 많은 자금이 투여될 것이다.

◎ 섬유유연제 판매부진 개선 캠페인

1. 초기목표(1~4월) : 판매증진을 위한 프로모션
2. 목표의 재구성1(5~8월) : 피부건강을 위한 섬유유연제
3. 목표의 재구성2(9~12월) : 건강한 환경을 위한 섬유유연제

#5. 문제단어를 연상해서 아이디어를 구하라

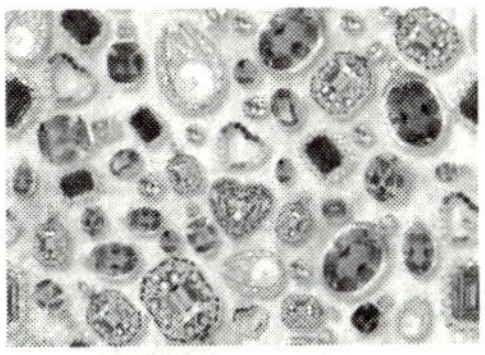

단어를 연상하면 아이디어가 나온다고? 에이 설마……

우리는 작게 시작해서 끝날 일이 아니었음을 깨달았고, 그에 맞는 장기 계획을 세웠다. 이제 깨알 같은 세부적인 사항을 결정해서 기획서의 마지막 부분을 작성하고, 전체 회의 준비를 위해서 소회의실에 모였다.

"일단 우리의 Big Picture가 위와 같이 그려졌고, 다른 팀들을 설득해 3단계 변신을 시작하기 이전에 문제를 구체화하는 작업을 하자. 우리가 급박하게 해결해야 할 문제가 무엇이지?"

"섬유유연제 시장의 위축, 다른 시장에 대비해서 소비가 급격하게 감소하고 있는 것이라고 생각합니다. 해결책은 소비위축을 극복하고, 시장을 활성화시키는 것이겠지요."

아이디어 개발 필살기 15 단어 다이아몬드

'**단어 다이아몬드**' 기법은 문제를 구성하는 4개의 단어나 문구를 변형시켜서 다양한 아이디어를 만들어 내는 기법이다.

1. 문제와 기회의 정의 : 해결하고자 하는 문제를 정의한다.
2. 단어 선정 : 문제를 구성하고 있는 4개의 주요 단어나 문구를 선정한다.
3. 단어조합을 통한 아이디어 개발 : 4개의 단어나 문구를 자유롭게 조합하면서 아이디어를 개발한다.

"그럼 우리의 목표를 '섬유유연제의 판매량을 높이는 마케팅전략'으로 정의해 보고, 이 문제의 핵심 키워드를 4P(가격, 유통, 프로모션, 제품)로 결정해, 단어 다이아몬드 기법을 활용해 보자."

섬유유연제의 판매량을 높이는 마케팅전략

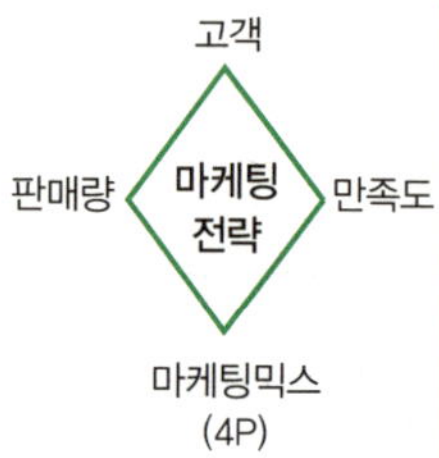

4개의 단어 선정	고객	만족도	판매량	마케팅믹스 (4P)
고객 + 만족도	고객의 만족도를 높일 수 있는 방안은 무엇인가?			
유통(Place) + 판매량	유통채널을 다양하게 해서 판매량을 높일 수 있는 방안은 무엇인가?			
제품(Product) + 판매량	제품의 혁신을 통해서 판매량을 높일 수 있는 방안은 무엇인가?			
광고(Promotion) + 만족도	프로모션으로 고객에 더 접근하여 만족도를 높일 수 있는 방안은 무엇인가?			

- 고객의 만족도를 높일 수 있는 방안?

자연 소재를 함유하여 피부를 보호하고, 정전기 나지 않게 섬유를 부드럽게 만들어서 피부에 착화감을 높이고, 인위적이지 않은 자연의 향으로 거부감을 줄인다.

유독물질 없는 순한 제품으로 어린아이들이 사용해도 안전한 제품임을 인식시킨다.

- 유통채널을 다양하게 해서 판매량을 높일 수 있는 방안?

자사 유통채널인 'AG마트'에서 섬유유연제 초저가 묶음상품을 판매하고, 스프레이방식의 제품을 편의점이나 드럭스토어에 납품하여 접근성을 높인다.

- 제품의 혁신을 통해서 판매량을 높일 수 있는 방안?

알로에베라의 포함률을 높여서 피부를 보호하고, 자연에 가까운 다양한 향을 개발하여 고객의 선택 폭을 넓힌다. 티슈 형식으로 뽑아 쓰는 제품 및 스프레이 형식의 뿌리는 섬유유연제로 응용이 가능한 다양한 제품을 만든다.

- 프로모션으로 고객에게 더 가까이 접근하여 만족도를 높일 수 있는 방안?

  1차 광고로 유독물질 없는 안전하고 순한 제품임을 강조하는 광고를 내고, 2차 광고로 자연과 가장 가까운 소재로 지구환경 문제를 생각하는 기업으로 나아가는 캠페인으로 만든다. 1,500ml 한 개 구매 시 약 200원의 금액이 자연환경을 돕는 데 사용되는 것을 알리는 이벤트를 개최한다.

팀원 모두 머리를 써가며 단어를 조합한 문장들에 답을 하다 보니 큰 틀부터 구체적인 방법까지 세세하게 아이디어로 채워나갔다. 이제 개념들을 바탕으로 근사한 기획서를 작성해서 조동희 팀장을 깜짝 놀라게 할 생각에 기대가 부풀어 있었다.

Chapter 3

이미지를 개선해서 신뢰를 높여라

미래를 위한 보고서를 작성하다

늦은 새벽까지 보고서를 작성하고, 몇 번의 긴 회의를 거친 후 마케팅 본부장님께 전달이 되었다. 우리의 전략이 깜짝 놀랄 만한 이야기였던 듯 급하게 전체 회의가 구성되었다. 급하게 회의실 세팅을 시작한 지 얼마 안 되어 마케팅의 조동희 팀장이 부랴부랴 뛰어왔고, 광고/홍보팀의 용재수 팀장과 섬유유연제 R&D팀장과 영업팀의 추동균 부장까지 회사 내의 내로라하는 모든 관리자들이 모였다. 나는 조심스럽게 기획서의 내용을 발표했다.

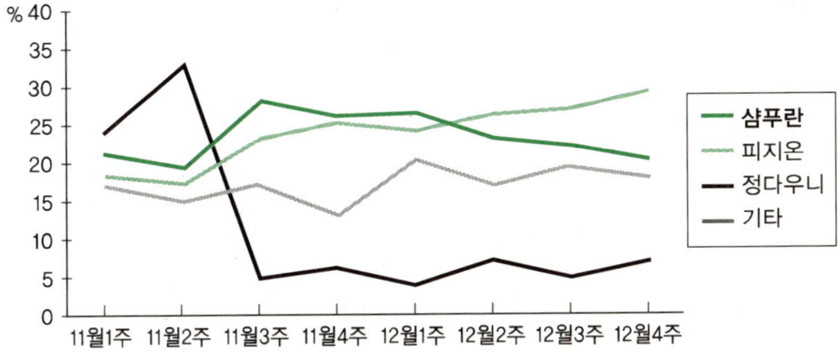

섬유유연제 판매량과 시장점유율

"지난 두 달간의 섬유유연제 판매량과 시장점유율표입니다. P&Z의 '정다우니' 제품의 유독물질 검출로 고객들의 판매거부가 일어나고, 자사 '샴푸란'이 깜짝 상승하며 판매 1위를 했지만 '3주 천하'의 모습을 보이고 3위 제품인 '피지온'의 상승으로 시장을 내주고 말았습니다. 그리고 전체 섬유유연제 시장도 판매량이 감소하는 하락세를 보였습니다. 하지만 같은 시기 자사 다른 생활용품 판매량이 모두 급감하였고, 다른 제품군에 비해서 전체시장이 2~5% 더 감소하였습니다. 이러한 감소는 전 세계적인 불황에서 오는 것이라고 결론 내렸습니다."

세계적인 불황에도 국내 시장점유율을 높일 여유는 있는 것 아닌가?

가만히 듣고 있던 조동희 팀장이 손을 들며 반론을 제기하였다.

"세계적인 불황이어서 판매량이 급감한 것은 자연 현상이라고 해도 국내 시장점유율을 높이는 것에는 문제없지 않나요?"

"네, 그래서 저희도 마켓투어를 나가서 경쟁사의 품목들을 살펴본 결과 자사 대비 5~15% 정도 저렴하고, 묶음 상품에서도 타사보다 부족한 개수로 묶여 있는 등 다양한 문제점을 발견하였습니다. 그래서 가격으로만 마케팅전략을 짜다 보면 시장점유율을 찾아오는 것에 한계가 오기 마련이라고 결론 내렸습니다."

조동희 팀장은 이상하다는 듯이 이의를 제기하였다.

"괜히 창조컨설팅팀에 일을 맡긴 것이 아니잖아요. 그렇게 쉬운 일이면 프로젝트로 주는 것이 아니라 우리 팀에서 해결했었겠지요. 이런 문제를 해결하기 위해서 창조컨설팅팀이 존재하는 거 아닌가요?"

이야기 끝나기가 무섭게 마케팅팀 본부장님의 목소리가 들려왔다.

"조 팀장 말이 틀린 것은 아니지만 끝까지 발표를 들어보게나. 그래서 윤 과장, 어떤 방법으로 이 문제를 해결할지 전체 그림을 보고 나서 다시 이야기하지."

"네, 창조컨설팅팀에서 여러 가지 방안을 생각해 보았습니다. '샴푸란'을 국내 1위 제품으로 끌어올리기 위해서 첫 번째는 이미지 개선이 필요합니다. 아이들, 어른 모두 사용가능한 피부 보호성분이 함유된 안전한 섬유유연제이고, 그러기 위해서 환경을 생각하고, 건전한 기업임을 보여주어 소비자의 신뢰를 얻어야 할 필요성이 있습니다."

또다시 조동희 팀장이 매의 눈에 가까운 관찰력으로 손을 들고 이의제기를 하였다.

"섬유유연제 시장점유율을 높이기 위해서 회사의 이미지를 개선하는 캠페인 광고를 하자는 말씀이네요. 배보다 배꼽이 더 클 것 같은 이야기인데, 광고 하나 제작하는 데 얼마가 드는지, 아니면 한 개 판매할 때 이익이 얼마인지 계산하고 나온 이야기인가요?"

소비자의 불신을 신뢰로 바꾸는 힘

"그렇지 않아도 다음 슬라이드가 그것에 관련된 것입니다. 지금 제가 보여드릴 도표는 지난달 '정다우니' 사태가 일어나고, P&Z에서 25세 이상의 수도권 거주 350명의 주부들에게 섬유유연제 실태에 대해서 소비자 조사한 결과입니다.

— 중략 —

350명 중에서 총 115명의 주부가 섬유유연제를 신뢰하지 못하고, 점차 사용량을 줄이면서 이탈가능성이 높은 고객입니다. 같은 시장 내에서 가격으로 소비자를 끌어오는 것보다 시장 밖의 고객을 통해서 판매량을 늘리는 것이 창조컨설팅팀의 전략입니다."

"무슨 우리가 삼송전자도 아니고, 광고 캠페인이 기업 이미지를 바꾸기 위해서 얼마나 많은 금액이 투입되는지 아세요? 현실감 없는 전략을 전략이라고 내세우는 것 자체가 말이 안 되네요."

우리의 토론을 듣고 있던 광고/홍보팀의 용재수 팀장이 조용히 손을 들고 이야기했다.

"생각보다 많은 금액이 투입되긴 하겠지만 계속 가격으로 밀어붙이고, 양으로 승부하는 것보다 나을 것 같습니다. 당장의 눈앞에 이익을 생각하는 것보다 미래의 가치를 생각하는 것이 맞다고 생각합니다."

여기저기에서 용 팀장의 생각을 지지하는 목소리가 들려왔다. 마케팅 본부장님은 고민에 잠긴 듯 말없이 눈을 지그시 감고 조용히 말문을 열었다.

"일단 광고/홍보팀과 회계팀에서 광고와 프로모션 등 전체 금액을 산정하고, R&D팀에서 개발 소요시간 계산해서 알려주고, 창조컨설팅팀은 리서치회사에 소비자조사 의뢰하고, 더 상세하고 구체적인 Time Schedule을 세워보도록 해요. 다음주 월요일까지 마케팅팀에서 취합해서 완료 보고서 내 책상에 올려놓도록 하지. 그럼 이상으로 회의를 마치겠어요."

미래를 위한 한 걸음을 떼다

결과적으로 전체 소요금액은 배정되어 있는 금액보다 1.5배 정도 높았지만 이미지 개선과 미래를 위한 투자라는 부분에서 만장일치로 상부회의에서 통과되었고, 곧바로 도입되었다.

3개월 후, 묶음 판매와 가격 낮추기를 멈췄다. 판매량은 얼어붙은 듯이 뚝 떨어졌지만 자연환경과 불우한 어린이를 돕는 광고가 나오는 순간 거짓말처럼 '샴푸란'의 이미지는 개선되었고, 섬유유연제의 구매가 '내 아이와 다른 아이를 도울 수 있다'라는 광고문구는 대한민국의 어머니들의 마음을 흔들기에 적합했다. 우리는 그해의 '소비자가 뽑은 좋은 광고상'을 받았고, 판매량에서도 1위 탈환하는 데 성공하였다.

섬유유연제 판매부진 개선방안 기법 사용과정

분할	문제범위 확대	단어 다이아몬드
문제를 여러 개의 단어로 분할하고, 개선할 수 있는 아이디어를 찾는다.	문제를 여러 형태로 분해하고, 재구성하여 해결방안을 찾고, 관점과 범위를 재검토한다.	문제를 구성하는 단어나 문구를 변형해서 아이디어를 찾는다.

나이키의 경쟁상대는 아디다스인가? 애플인가?

나이키의 경쟁상대는 과연 누구일까? 아디다스? 퓨마? 리복? 다 틀렸다. '애플'이다. 말도 안 되는 소리라고 한다면 이미 시대에 한참 뒤처진 사람이다.

실로 나이키만큼 경쟁상대가 진화한 기업도 드문 듯하다. 그만큼 스스로 진화해 왔다는 얘기일 터. 수년 전 나이키의 경쟁상대가 닌텐도이던 시절부터 한번 짚어보자. 닌텐도가 워낙 대세이던 때, 사람들을 소파와 침대로 몰아넣고 거실에서 운동을 시키니 나이키를 신을 일이 확 줄어들었다. 그래서 나이키도 열 받았는지 운동화에 게임기를 달아버렸다. 운동화 밑창에 센서를 달아 얼마나, 어떤 기록으로 움직이고 달렸는지, 친구들과 온라인게임을 하듯 경쟁하는 시스템을 구축했다. 웹사이트와 소셜네트워크를 통해서 말이다. 운동은 게임이 되었고, 운동화는 게임기가 되었다. '나이키 플러스'라는 나이키의 디지털시스템 이야기이다.

지난해에는 손목에 차는 '나이키 플러스 퓨얼(fuel)밴드'도 내놓았다. 걷거나 뛰는 모든 움직임이 칼로리 소모량, 운동거리, 운동시간 등으로 측정돼 밴드의 LED 화면에 표시된다. 아이폰과 동기화하면 운동량이 그래프로 나타나고, 매일매일 아니면 한 달 단위로 계획을 세워 목표치를 경신할 수도 있다. 잘했으면 축하도 해주고, 페이스북과 트위터로 다른 이용자와 경쟁할 수도 있다.

이렇게 보면 이제 나이키는 더 이상 운동화회사가 아니다. 이용자들의 데이터를 이용해 새로운 가치를 만들어 낸다는 점에서 데이터회사이고, 센서와 전자밴드를 만들어 판매하니까 디바이스 회사이다. 사람들 간의 소통에서 또 다른 가치를 만드니까 미디어회사이기도 하다. 물론 닌텐도에 맞장 뜨던 게임회사이기도 하고. 나이키의 CEO 마크 파커도 "나이키는 물리적인 것들과 디지털 세상이 합쳐지는 흥미로운 가능성들을 한 단계 발전시키려 한다"고 말하기도 했다. 그래서 더 이상 나이키의 경쟁상대는 닌텐도도 아니고, 아디다스는 더욱 아니다. 오히려 본격적으로 애플과 대결하려는 것이 아닌가 싶다. 테크놀로지 플랫폼회사로서 말이다.

나이키는 올 3월부터 스타트업(초기 벤처기업) 엑셀러레이터(accelerator)를 출범시킨다. 아이디어가 있는 창업가들을 선발해 벤처회사를 만들 수 있도록 2만 달러 자금과 사무실을 제공한다. 실리콘밸리 출신 전문가들이 멘토링을 해주고, 나이키의 API(애플리케이션 프로그래밍 인터페이스)에 접근할 수 있는 기회도 제공한다. 돈과 노하우, 소스, 시장까지 다 제공할 테니 나이키의 디지털 플랫폼 '나이키 플러스'를 가득가득 채울 혁신적인 애플리케이션을 만들어 보라는 것이다. 실리콘밸리의 굵직한 테크놀로지회사들의 전유물이었던 엑셀러레이터를 이제 운동화회사가 하려는 것이다. 그래서 실리콘밸리 언론들은 "나이키가 건강과 운동을 소재로 iOS를 구축하고자 한다"며 "지극히 현명한 움직임"이라고 박수를 보내고 있다. 나이키 플랫폼을 통해 더 진화된 디바이스가 나오고, 더 풍부한 소프트웨어들이 만들어지고, 더 많은 사람들 간 커뮤니케이션이 이뤄질 것이라는 기대와 함께 말이다. 이는 애플과 구글, 페이스북과 아마존이 하려는 바로 그것이다.

자료 : 머니투데이 2013. 1. 7

다른 관점에서 IDEA를 개발하라

Part 5

식스센스 : The Sixth Sense(1999)

- 프랭크 마셜, 캐슬린 케네디가 제작하였으며, 인도 출신의 M. 나이트 샤말란이 각본을 쓰고 연출하였다.
- 제목인 '여섯 번째 감각'이란 영화에서 소년이 죽은 사람을 볼 수 있는 것처럼, 인간의 의식이 쉽게 무시해 버리는 또 다른 영역을 감지할 수 있는 능력을 지칭한다.
- 오감의 관점에서 문제를 바라보고 새로운 아이디어를 발굴할 수 있는 방식을 이번 파트에서 배울 수 있다.

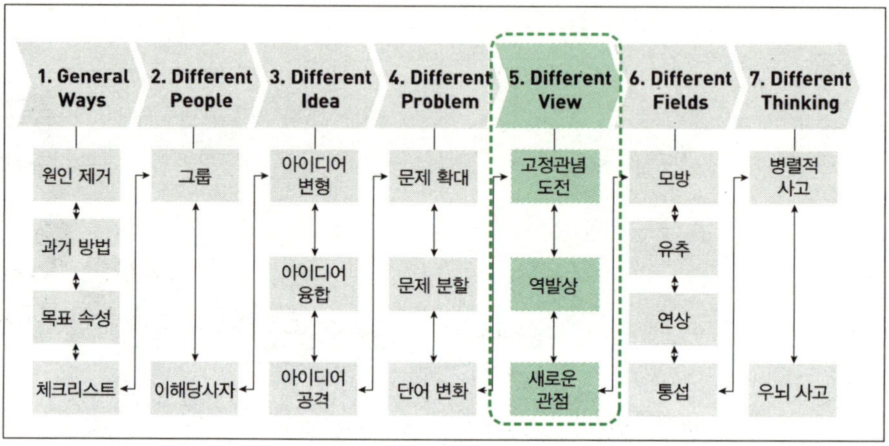

Part 5. 다른 관점에서 IDEA를 개발하라(Different View)

Chapter 1. 다르다는 것이 경쟁력이다

#1. 반대로 생각해 보다

#2. 에너지 드링크 시장의 위기를 돌파하라

Chapter 2. 다른 관점에서 IDEA를 구하라

#3. 반대로 생각해서 아이디어를 개발하라

#4. 역으로 가정해서 아이디어를 찾아라

#5. 여섯 가지 방법으로 생각하기

#6. 가상상황에서 아이디어를 구하라

Chapter 3. 다름으로부터 새로운 에너지원을 찾아내다

다섯 번째 파트 이야기

윤 과장의 지인인 음료사업부의 강 대리는 떠오르는 신음료 시장인 에너지 드링크에 관한 프로젝트의 아이디어 개발을 위해서 윤 과장에게 도움을 요청하는데…….

과연 윤 과장은 강 대리에게 에너지 드링크 시장에서 1위 할 수 있는 기발한 아이디어를 줄 수 있을 것인가?

Chapter 1

다르다는 것이 경쟁력이다

#1. 반대로 생각해 보다

지하철에서 해리포터를 만나다

한 해 동안 몇 개의 큰 사건을 해결하고 나니, 생각보다 한가한 저녁을 맞이하게 되었다. 지인들과 간단한 연말모임을 위해서 약속장소로 가는 길에 갑자기 지하철이 차량 고장으로 멈춰 섰다.

"이게 무슨 일이야. 약속시간 거의 다 되어가는데."

열차 안에는 퇴근하는 직장인들과 가족단위의 사람들로 가득 차 있었고, 사람들은 웅성웅성 시끄럽게 떠들기 시작했다. 차내에는 안내방송이 흘러나왔다.

"차량 고장으로 10분간 정차하겠습니다. 승객 여러분께 사과의 말씀드립니다."

10분이 지나도 열차는 출발할 기미도 보이지 않았다. 간간히 전원이 들어와서 시동을 켜면 다시 꺼지고, 멈추었다. 아기들은 울어대고, 사람들의 불만과 원성이 전차 안을 채웠다.

그 순간 머릿속에서 흥미로운 이야기가 떠올랐다. 열차를 멈추게 만드는 악당들과 열차를 움직이게 만드는 용감한 영웅들의 톱니 같은 맞물림과 액션 및 갈등과 고뇌, 그 속에 피어나는 로맨스까지 짜릿한 상상을 만들어 내서 몰입하고 있는 사이 열차는 움직이기 시작했다. 보통 같으면 열차가 멈췄을 때, 시계만 쳐다보고 재촉했을 텐데 요새같이 생각하는 것이 즐거울 때는 이런 시간들도 깜짝 이벤트로 느껴져서 참 좋다.

사실 이런 기발한 생각을 나보다 먼저 시작한 이가 있었다. 전 세계적으로 4억 5천만 부 이상 팔린 '해리포터' 시리즈는 기차가 고장으로 4시간이나 시골 한복판에 정차되어 있었을 때 조앤 롤링이 무료한 시간을 달래기 위해 '마법사'라는 재미있고 흥미로운 아이디어를 상상한 데서부터 시작했다고 한다. 이혼녀이자, 홀로 아이를 키우기 위해 정부보조금에 의존하는 암울한 상황에서 틈틈이 남는 시간에 소설을 집필하며 자신의 꿈을 키웠다는 그녀의 인생이야기는 소설만큼이나 흥미롭게 느껴졌다.

문득 시계를 바라보니 약속시간이 훨씬 넘어 있었다. 미안한 마음에 전속력으로 달려 장소에 도착했지만 친구들은 이미 파티를 시작했고, 분위기는 한참 무르익어 있었다.

"늦게 온 거 아니야? 요즘 잘나간다고 바쁜 척하기야?"

친구들이 술에 에너지 드링크를 타서 나에게 건넸다.

"이게 뭐야? 이렇게 마시면 심장마비 위험 있는 거 아냐?"

"한번 마셔봐. 에너지 드링크랑 술을 섞어 먹으면 목 넘김도 좋고, 잘 안취해서 내일 평상시처럼 일상생활이 가능하다니까."

새로운 음주문화 변화에 당혹감을 감출 수 없었지만 벌써 이렇게나 급속도로 문화에 적응한 에너지 드링크에 놀라울 뿐이었다.

#2. 에너지 드링크 시장의 위기를 돌파하라

명성을 듣고 찾아온 나의 오랜 친구

어제의 무리한 연말모임에 지친 몸을 일으켜서 힘겹게 출근준비를 하고 있을 무렵 문자가 왔다.

"선배님, 오늘 본사로 갈 것 같은데 잠깐 커피 한 잔 같이해도 될까요?"

회사 내에서 장난끼 많고, 인간성 좋은 강민구 대리가 나에게 면담을 요청한 것이다. 예전에 기획팀에서 한솥밥 먹다가 물보다 음료가 좋다며 적성에 맞게 음료사업부로 자리를 옮긴 친구이다.

"갑자기 왜 연락이 왔을까?"

궁금하기는 했지만 오랜만에 만나는 것이라 흔쾌히 약속시간을 잡고, 반가운 친구를 만나는 마음으로 즐겁게 회사로 향했다.

밀린 업무를 처리하느라 정신이 없던 중 벌써 약속시간이 가까워져 재빨리 아래층 커피숍으로 내려갔다. 약속시간 5분 전임에도 불구하고, 강 대리는 어두운 표정으로 커피숍에 앉아 있었다.

"무슨 일 있어? 오랜만에 회사에 놀러온다고 하더니, 왠지 일이 생겨서 온 것 같네. 하하하."

"과장님, 오랜만이에요. 경영기획팀에서 창조컨설팅팀으로 옮겼다고 이야기 들었어요. 그 팀이 뭐하는 팀인지 모르겠지만 요즘 과장님 잘나가신다고 회사에 소문이 자자하더라고요. 히히."

"뭘~ 팀이 바뀌어서 그런지 할 일이 많아서, 정신이 없긴 하다만 잘나갈 일이 뭐 있어. 다 똑같지."

"화장품사업부의 김 대리가 말하기를 선배님께서 화장품 판매 활성화전략 내서 사업부에 효과 좀 봤다고 이야기하더라고요. 또 들리는 소문에 의하면 창조컨설팅팀이 사내 공모전 싹 쓸어갔다고도 하고, 근데 그 말들이 다 진짜예요?"

"글쎄…… 부풀려진 감은 있는데 크게 다르지는 않아."

"오오…… 갑자기 과장님이 달라 보이네요. 무슨 비결이라도 알아냈으면 저한테도 공유해 주세요."

"뭐 비결까지는 없고, 그냥 열심히 하는 거지. 그런데 웬일로 오랜만에 본사 온 거야? 음료사업부에 무슨 일 있어? 강 대리만 잠깐 들린 건 줄 알았는데 오다가 너희 팀 박 차장님도 봤어."

음료보다 더 강한 에너지 드링크를 연구하다

"그게요. 사실 윤 과장님께 부탁드리려고 온 거예요. 원래 작년까지만 해도 무탄산 과즙음료, 비타민 음료가 대세여서 저희 사업부 비타민 워터 '클나쏘'가 불티나게 잘 팔렸거든요.

갑자기 세계적으로 유명한 에너지 드링크인 '빨간불'이 카페인 함량을 줄여서 국내 기준에 맞추고, 전투적으로 공략하면서 에너지 음료 전쟁으로 과열되었어요.

자사에서 에너지 드링크부분의 주력으로 판매하던 '버닝 테스'의 광고를 시작하고, 마케팅전략을 새로 짰는데도 꾸준히 나오는 신인 에너지 드링크한테 시장점유율을 뺏겨서 인지도가 너무 낮아요. 게다가 경쟁사 '핫한7'의 에너지 음료 판매량이 무섭게 성장해서 제품 리뉴얼이나 새로운 전략개선에 대한 아이디어가 필요합니다."

"아~ 나도 광고 봤어, '청춘차렷' 핫한7 그거 광고 완전 재미있던데, 하긴 어제 마신 것도 그 브랜드인 것 같더라고."

"그러지 않아도 현재 '핫한7'이 불티나게 팔리고 있어요. 그것 때문에 저희도 스트레스예요. 현재 AG건강생활이 전체 음료 시장에서 판매 1위여서 에너지 드링크에 주력할 필요는 없지만 우려되는 부분은 에너지 음료부분이 탄산음료 시장을 대체하지 않을까 하는 노파심 때문인 것 같아요."

"흠…… 원래 음료사업은 이미지사업이라고 생각해. 광고를 한번 개선해 보는 것은 어때?"

"현재 자사음료가 타사 대비 확연히 다른 이미지를 가지고 있는데도, 부각 못시켰다는 게 문제이긴 하지요. 과장님의 뛰어난 통찰력으로 도움을 주시면 획기적인 성과를 내지 않을까요?"

"글쎄. 나도 연말이라서 일도 많고, 약속도 많고, 또 음료 쪽은 문외한이라서 방법을 찾는 것이 어렵지 않을까 싶은데……."

"저희 팀 내에서는 항상 비슷한 이야기가 나와요. 기발하고, 참신함 없이 비슷비슷한 현실적인 이야기들뿐이지요. 그래서 과장님의 신선한 아이디어가 필요해요."

Chapter 2

다른 관점에서 IDEA를 구하라

핫한 에너지 드링크 시장에 관한 아이디어를 개발하라

진지하게 고민한 결과 도와주는 것이 좋겠다고 생각할 무렵 강 대리에게 연락이 왔다. 경영기획의 조 팀장의 도움을 받게 되었다는 이야기였다. 그 후 점심시간이 지나서도 강 대리는 연락이 되지 않았다. 회의가 길어지나 보다 생각하던 찰나 식당 앞에서 보자는 연락을 받고, 그를 만났는데 표정이 어두워 보였다.

"무슨 일 있어? 전략회의가 좋지 않게 끝났나 보네."

"아…… 말도 마세요. 아이디어만 내면 다 아니라고, 현실감 없다고 혼나는 바람에 기분이 딱히 좋지 않아요."

"그래도 P&Z에서 신화를 써낸 유명한 사람이잖아. 이번 건으로 성과 올리려고 필사적으로 노력하는 것 같은데."

갑자기 강 대리는 무슨 좋은 생각이 나온 건지 입가에 미소를 띠면서 말을 걸었다.

"그럼 제가 좋은 아이디어를 낼 수 있게 과장님께 도움을 구해도 될까요? 제가 맛있는 밥 한 끼 제공하겠습니다."

요즘 핫하게 떠오르는 에너지 드링크에 관련된 마케팅 방안이라…… 매일 각종 세제와 화장품과 싸우던 나에게 색다른 흥미 있는 제안처럼 느껴졌다. 한참 아이디어 개발하는 것에 즐거움을 찾고 있던 터라 나의 호기심을 충족시키기 적합했다.

점심을 마치고, 아래층 커피숍으로 내려가서 강 대리는 몇 개의 보고서를 보여주며 기본적인 정보에 대한 설명을 시작했다.

에너지 드링크는 에너지를 공급하는 음료라는 새로운 음료 카테고리로서 세계 에너지 드링크 시장은 약 140억 달러(약 16조 원)이며, 매년 성장하고 있는 추세이다.

국내에는 로테사에서 '핫한7'이 국내 최초 에너지 드링크로 출시되며 1개월 만에 약 20억 원의 매출을 기록했다. 공격적인 마케팅과 해외 제품 대비 저렴한 가격과 해외보다 낮은 카페인 함량으로 안전성을 높였으며, 천연 카페인(과라나)과 홍삼, 가시오가피를 넣어서 습관적으로 마시는 흔한 카페인 음료보다 건강한 성분이라 강조하고, 집중력이 향상 된다는 면을 강조하여 현재 국내 1위의 판매를 기록하고 있다.

그리고 세계적으로 유명한 '빨간불'이 국내 판매 2위로 두 제품이 전체 에너지 드링크 시장의 90%를 점유하고 있으며 자사제품은 3위로 어렵게 두 제품을 쫓아가고 있는 모양을 보이고 있다.

국내 에너지 드링크 시장 현황

제품	수입/제조사	출시	가격
핫한7	로테	2011년 12월	1,000원
빨간불	동수식품	2012년 4월	2,900원
버닝 테스	AG건강생활	2012년 4월	1,000원

"으흠…… 대략적으로 에너지 드링크 시장에 대해서 조금은 알 것 같은데, 어떤 부분에 아이디어가 필요한 거야?"

"'버닝 테스' 제품을 리뉴얼하거나 마케팅을 보강해서 에너지 드링크 시장의 1위가 되는 것을 목표로 하고 있습니다."

강 대리의 설명을 듣고 찬찬히 살펴보니 자사제품은 후발주자로서 핫한7 판매량의 1/5 수준으로 미비하여 한시 바삐 방법을 찾아 발 빠르게 대처해야 한다는 생각이 들어서 나도 모르게 절로 고개를 끄덕였다.

"어떤 아이디어라도 괜찮다 이거지? 에너지 드링크가 젊은 세대의 음료인 만큼 기발하고, 참신한 아이디어가 괜찮을 것 같은데……."

기발한 아이디어는 다르게 생각하는 것으로부터 시작한다

갑자기 어떤 방법으로 강 대리에게 해결책을 줘야 할지 막막해졌다. 이렇게 생각이 떠오르지 않을 때 쓸 수 있는 찬스카드가 떠올라서 김상수 교수님께 전화를 걸었다.

"멘토님, 그동안 잘 지내셨는지요?"

"웃으며 전화한 것을 보니 지난번 일은 잘 처리되었나 보군. 이번에도 새로운 일을 맡았는가? 매번 새로운 프로젝트 맡는 것도 힘들 텐데. 자네의 그 열정은 높이 사주어야겠네."

"번번이 신세만 져서 죄송합니다. 사실 10~20대를 타깃으로 한 에너지 드링크 제품에 대해 아이디어를 개발하려고 구상 중입니다."

"자네, 모두가 'YES'라고 말할 때, 'NO'라고 말할 용기가 있나?"

이번에도 어김없이 특이한 방식으로 고민에 대한 질문을 주셨다.

"저는 아직 그런 용기가 없는 것 같습니다. 옳다고 생각해도 다른 사람들과 같은 의견을 내거나 분위기 봐서 이야기를 꺼내는 정도."

"창의적 사고는 남들과 다른 생각을 할 때, 비로소 나타나는 것일세. 한 번 뒤집어서 생각해 보게나. 어려운 문제를 쉽다고 생각하고, 쉬운 문제를 어렵다고 생각해서 답을 찾아보게."

"흠…… 무슨 말씀인지? 도통 이해가 가지 않아서요."

"그래? 그럼 사례를 하나 들어주지. 독일 자동차회사 폭스바겐이 미국시장 진출할 때 관련된 이야기를 해주지. '비틀'은 1933년 히틀러의 지시로 자동차 기술자인 포르쉐가 개발한 독일 국민차에서 출발했다네."

"아하~ 유명한 딱정벌레 모양의 자동차를 말하시는군요."

"그렇지, 우리가 아는 그 차는 국민들에게 저렴한 가격에 공급하려다 보니 크기도 작았고, 외관도 심플했지. 하지만 그때 당시 미국은 휘발유 걱정이 없어서 미국의 소비자들이 즐겨 찾는 자동차는 튼튼하고, 우람했다네. 게다가 미국의 특성상 장거리 운전이 많다 보니 자동차를 구입할 때 운영비보다는 쾌적한 승차감과 안전성을 더 많이 고려하는 경향이 있었어."

"그럼 미국시장 진출을 포기해야 하는 것 아닌가요? 어차피 실패할 것 같은데……."

"우리 생각은 그럴 법도 한데, 그들은 그렇게 쉽게 포기를 생각하지 않았어. 그런 미국시장에 전혀 우람하지도 않고, 멋져 보이지도 않는 작은 차를 출시하면서 폭스바겐이 내놓은 광고 문구가 바로 '작게 생각하라'였네"

"너무 기세등등한 카피라이터인데요. 작은 차를 팔면서 작게 생각하라니, 너무 어이없는 방법인 것 같아요."

"하지만 이 광고는 비틀의 치명적 약점이라 여겨지던 왜소함을 오히려 강점으로 바꾸어 놓았다네. 그리고 비틀을 '작지만 강한 자동차'로 굳건히 포지셔닝시켰다네."

"아니, 고작 작게 생각하라는 말에서 어떻게 작은 차를 강한 차로 고객들 생각을 바꾸게 만들었을까요?"

"그들이 말하는 '작게 생각하라'에는 많은 의미가 담겨 있었다네. 어디에나 편하게 주차할 수 있고, 1년에 수백 달러의 연료비를 아낄 수도 있고, 볼품없는 차를 자신 있게 몰고 다님으로써 겉모습에 집착하지 않는 사람으로 인정받을 수도 있다네. 큰 것만을 좋아하는 사람들이 자신들의 큰 강철 덩어리를 주차할 공간을 한없이 찾아다닐 때 비틀 운전자들은 그 모습을 보고 미소를 지을 것이라고 생각했다네. 비틀 운전자들은 언제 어디서든 작은 비틀을 손쉽게 주차할 수 있기 때문이지."

"아하…… '작게 생각하라' 뜻이 영리하게 생각하라는 뜻으로 느껴지네요."

"그렇지! '당신은 다른 사람보다 더 똑똑하다'는 핵심적인 메시지가 담겨 있다네. 비틀은 단 두 단어를 통해 큰 인기를 얻었으며 지금도 유례없이 성공한 자동차 모델로서 사랑을 받고 있다네."

"아……. 그런 의미였군요."

사이트에서 '2장 다른 관점에서 아이디어를 구하라'를 참고하게나. 기법들을 활용하면 그 의미를 더 잘 찾을 수 있을 걸세."

#3. 반대로 생각해서 아이디어를 개발하라

청개구리처럼 반대로 생각하는 법을 배우다

전화를 끊고, 생각에 잠겨서 어떤 방법을 쓸지 고민하다가 문득 강 대리에게 카톡을 보냈다.

"내일 회의 때까지 에너지 드링크에 대한 통념에 대해서 조사해 오세요. 예를 들어서 소비자가 왜 구매하는지 매력적인 요인 같은 것 말이에요."

강 대리는 왜 그게 필요한지 조금은 엉뚱하다는 생각이 들었는지 나에게 한참을 물어본 후 알았다는 답장을 보냈다.

교수님과 대화를 통해서 생각해본 바 지금 이 상황에 가장 적합한 방법은 거꾸로 보는 방법인 '역발상' 기법인 듯하다.

아이디어 개발 필살기 16 역발상

'역발상' 기법은 문제를 반대로 뒤집어서 창의적인 대안을 만들어 내는 아이디어 개발 기법이다.

1. 문제의 대안 정의 : 현재 입장에서 문제와 아이디어를 정의한다.
2. 반대 방향의 탐색 : 문제를 분석한 관점의 반대 방향을 찾아낸다.
3. 반대 방향에서 대안 개발 : 반대의 관점에서 창의적인 대안을 개발하고, 평가한다.

다음날 점심식사를 마친 뒤 커피숍에 모여서 어제 내준 문제에 대한 해답을 보았다.

"과장님, 생각할 때는 이유가 많아 보이던데, 막상 쓰려고 하니깐 아무것도 안 떠올라서 고생 좀 했습니다. 그래도 이 정도면 많이 생각한 것 같습니다."

"그럼 어디 한번 숙제 검사 좀 해볼까?"

- 카페인성분으로 잠을 깨는 것을 돕는다.
- 피곤해도 열심히 일할 수 있는 기회가 발생된다.
- 수험생들이 공부를 열심히 하기 위해서 마신다.
- 요즘 파티에서 술에 에너지 드링크를 섞어 마셔 쉽게 취하지 않게 하는 것이 유행이다.
- 천연 카페인 과라나가 포함되어 있어 다른 카페인들보다 건강에 좋다.
- 카페인성분을 과다섭취하면 심장에 무리를 준다.
- 카페인으로 인한 중독성이 있다.

자사 '버닝 테스'의 SWOT분석

강점(Strength)	약점(Weakness)
• 저렴한 가격 • 천연 카페인 및 타우린, 비타민, 아미노산 등이 첨가	• 고 카페인에 대한 거부 • 카페인 음료의 중독성 • 과잉섭취 시 건강에 무리
기회(Opportunity)	**위협(Threats)**
• 젊은 층이 즐기는 음주문화와 접목 • 시장 확장 가능성 높음 • 소비자들의 고 카페인 음료 수요량 증가	• 해외 유명 에너지 드링크의 활발한 수입 • 주 소비자층이 중독에 취약한 10~20대임 • 과다섭취로 인한 부작용

"그럼 이 아이디어를 바탕으로 새로운 아이디어를 끄집어내볼까?"

표를 그리고, 그 안에 조사해 온 내용을 적어 두었다. 반대의 관점으로 생각하고, 새로운 아이디어를 생각해 냈다.

강 대리는 생각한 것과 다른 답인지 의아한 표정을 지었다.

	현재의 아이디어	현재의 관점	반대의 관점	새로운 아이디어
1	피로감 없이 업무에 집중할 수 있다.	업무의 관점	휴식의 관점	마시면 피로감이 생겨서 쉽게 숙면을 유도할 수 있다.
2	쉽게 취하지 않아서 많은 양의 술을 마실 수 있다.	음주의 관점	절주의 관점	조금 마셔도 쉽게 술기운이 올라와서 절주할 수 있다.

"과장님, 아무래도 에너지 드링크니깐 기존 이미지인 에너지를 보충해 주는 방향으로 가야 하지 않을까요? 무리해서 수정하려고 하시는 것 같은데……."

"에너지 내는 것을 돕는 것은 기본적인 기능이지만 문제는 타사와 차별 포인트가 없다는 것이지. 다들 똑같은 이야기만 한다면 고객은 우리 제품을 왜 사용해야 하는지 깨닫지 못할 거야. 완전히 새로운 것으로 바꾸는 게 아니라 여러 가지 대안을 생각하는 거지. 결론적으로는 거기서 간추려서 선택하는 것이지."

"열심히 일한 당신 떠나라! 이런 분위기로 도출된 것 같은데요. 자사의 '버닝 테스' 이름에서부터 열정을 불태우는 이미지인데요."

강 대리는 받아들일 수 없다는 듯이 연신 고개를 갸웃갸웃 거리며 다른 방법을 찾아보겠다고, 자리에서 일어났다.

#4. 역으로 가정해서 아이디어를 찾아라

강 대리, 약점을 강점으로 승화시켜라!

어제의 결과가 어떻게 좋은 아이디어를 낼 수 있을지 생각하며 에너지 드링크에 관련된 신문을 검색했다. 검색을 하면 할수록 긍정적인 기사보다는 부정적인 기사가 더 많이 눈에 띄었다.

"에너지 드링크 알고 보면 카페인 덩어리"

조아일보 김XX 기자

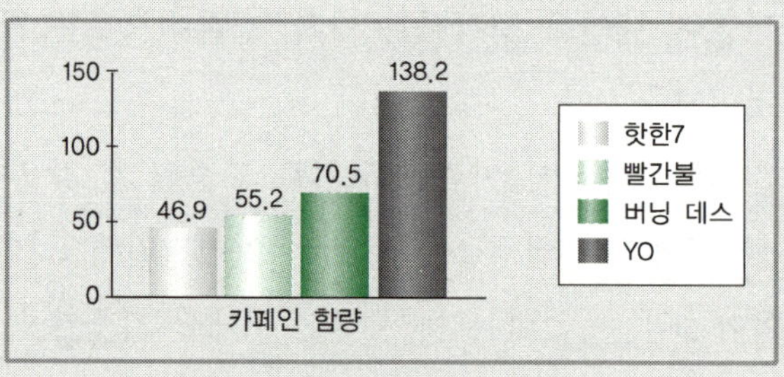

초록식품연구소는 24일 "시중에서 판매 중인 에너지 드링크 7종의 카페인 함유량을 분석한 결과 모두 고 카페인 음료에 해당되며 아메리카노 커피 한 잔(82~167㎎)과 맞먹는 양의 카페인이 나왔다"고 밝혔다.
초록식품연구소에 따르면 시판 중인 에너지 드링크 7종의 카페인 함유량은 1캔당 최소 47㎎에서 최대 138㎎으로 고 카페인 음료에 해당된다.
현재 카페인 일일섭취허용량은 성인의 경우 400㎎, 임산부의 경우 300㎎, 어린이와 청소년의 경우 ㎏당 2.5㎎ 이하로 제한돼 있으며 이보다 많은 카페인을 섭취할 경우 수면장애, 카페인 중독, 무기질 부족 등의 부작용이 나타날 수 있다.
초록식품연구소는 "보통 청소년들이 커피를 섭취할 경우 부모의 제재나 통제가 있지만 고 카페인 음료는 '에너지 드링크'로 불리며 일반 탄산 음료처럼 인식돼 무분별하게 소비될 가능성이 있다"며 "청소년의 에너지 드링크 섭취 제한 및 경고조치 강화, 소비행태 모니터링이 필요하며 카페인 함유량 표시를 의무화해야 한다"고 지적했다.

"흠…… 다른 제품보다 우선순위에 랭크되고 싶다면 약점을 강점으로 승화시키는 작업이 필요한데…… 저렇게 많은 문제가 공존하고 있다면 에너지 드링크는 반짝 인기가 될 가능성이 높은데."

아쉽기는 했지만 강 대리가 아이디어를 원하는 방향으로 스스로 도출하는 게 옳을 것이라고 믿는 것이 가장 좋은 방법인 것 같았다.

며칠이 지난 후 강 대리는 커피를 사들고, 우리 부서로 찾아왔다.

"오호~ 아이디어 회의는 잘되어 가고 있어? 조 팀장의 뛰어난 혜안으로 한 단계 더 나아가고 있겠구먼."

나는 반갑게 강 대리를 맞이하고, 어떻게 되어 가는지 전후사정이 궁금해서 조심스럽게 물어봤다.

"글쎄요. 잘되고 있는 건지……. 의견조율은 하나도 안 되고, 단순하게 대스타 기용해서 시간대 넓히고, 유명 광고제작사에 맡기는 것으로 결론나기는 했는데요. 저희 팀장님은 투자된 돈만큼 큰 성과를 보지 못할까 봐 그게 가장 두려운 것 같아요."

"그래도 안전한 방법 찾은 거잖아. 원래 투자금액이 클수록 효과도 그만큼 빠르니까."

한 번 더 생각하는 관심에서 아이디어가 나온다

안전하고 좋은 방향으로 문제가 해결되어 나가는 것 같아서 다행이라고 생각할 무렵, 강 대리가 말을 꺼냈다.

"그런데요. 사실 오늘 회의 때 지난번에 도출했던 아이디어를 말씀드렸더니 저희 팀장님이 관심을 가지시더라고요. 에너지 드링크의 단점을 보완할 수 있는 신상품을 한번 구상해 보라고 하셔서 급하게 과장님을 만나 뵈러 왔어요."

"그래? 하긴 오늘 아침에 나온 에너지 드링크에 관련된 기사를 읽고, 이대로 가도 괜찮은 것인가 하는 의문이 들었어. 그럼 내가 어떻게 도와주면 될까?"

"저는 방법은 잘 모르겠고요. 팀장님이 이런 점까지 고려하다니 대단하다고 칭찬해 주시더라고요. 그때 과장님이 가르쳐주신 '역발상' 기법이 큰 도움이 된 것 같아요."

"그럼 역발상 기법에서 한 단계 더 나아간 역가정 기법을 활용해서 아이디어를 더욱더 풍부하게 발전시켜 볼까?"

아이디어 개발 필살기 17 역가정

'**역 가정**' 기법은 문제에 관련된 가정을 반대로 만들고, 역가정에 도전할 수 있는 방법을 찾아서 창의적 아이디어를 만들어 내는 기법이다.

1. **문제 정의 및 가정 탐색** : 해결하고자 하는 문제를 정의하고, 문제와 관련된 가정들을 찾아낸다.
2. **역가정 도출** : 문제와 관련된 가정을 뒤집어서 역가정을 만든다.
3. **아이디어 개발** : 역으로 만들어진 가정을 기반으로 아이디어를 만든다.

나는 먼저 회의실 칠판에 첫 번째 질문을 적었다.

"그럼 에너지 드링크의 가정이 무엇이 될까?"

- 카페인 수치가 높아야 잠이 오지 않는다.
- 많이 마시면 심장에 무리가 온다.
- 수험생들이 오랜 시간 공부하기 위해 마신다.

강 대리가 술술 말하는 사실과 그에 따른 역가정에 대해서 서술하도록 시키고, 도출되는 아이디어를 적어 보도록 지도했다.

에너지 드링크 보완방법

가정	역가정	아이디어
에너지 드링크는 잠이 오지 않는다.	에너지 드링크를 마셔도 숙면을 취할 수 있다.	숙면을 취할 수 있는 허브(카모마일 등)를 첨가하여 깊은 수면에 들 수 있도록 돕는다.
에너지 드링크는 심장에 무리를 준다.	에너지 드링크를 많이 마셔도 건강에 문제가 없다.	카페인 함량을 낮추어서 많이 마셔도 건강상 문제가 안 되도록 한다.
수면 없이 업무의 효율을 높일 수 있다.	수면을 취해도 업무의 효율을 높일 수 있다.	짧은 시간의 깊은 수면을 통해서 맑은 상태를 유지하고, 집중하도록 돕는다.

"이게 제 머릿속에 있던 생각들이란 말이죠? 신기해요. 정말 이런 방식으로 하면 수백 가지의 새로운 종류의 음료를 만들 수 있을 것 같은데요. 능률을 높이기 위한 에너지 음료와 피로에 지친 마음을 녹여주는 치료 음료라니, 서로 잘 맞는 조화인데요."

"아직 놀라기는 이른데, 자~ 이제 다른 방법들도 찾아보자고."

에너지 드링크 새로운 제품전략

1. 카페인 함량을 줄인 에너지 드링크
2. 에너지 드링크를 보완하는 '힐링 드링크'로서 짧은 시간에 숙면을 취해서 휴식을 돕는 음료

#5. 여섯 가지 방법으로 생각하기

힐링 드링크를 여섯 가지 측면에서 검증하다

"이제 아이디어를 개발했으니 제 아이디어가 옳은 것인지, FGI(Focus Group Interview)나 설문조사를 통해서 고객들의 의향을 들을까요?"

"그것도 굉장히 좋은 방법인데, 지금은 아이디어를 제시하는 초기 상태이고, 리서치를 실행할 만한 자금과 시간이 없으니 우리 스스로 판단하고, 채택해야지."

"그럼 어떻게 판단해야 할까요?"

야심차게 추진하다가 한계에 부딪혀서 어떤 방법을 써야 할지 살짝 막막하게 책을 뒤적이고 있을 무렵 김상수 교수님께서 카톡으로 녹색모자 아이콘을 보내오셨다.

"자네에게 창조적인 생각이 필요할 때 이 모자를 써보게나"

'녹색모자'는 무슨 유명 검색 사이트를 떠올리게 하는 그림이었다. 어떤 뜻인지 몰라서 그림을 거꾸로 뒤집어도 보고, 확대시켜서 넓게 바라보고 있었다. 옆에 있던 강 대리는 유명 검색 사이트인 '네버어'의 성공신화를 읽어보면서 기법을 유추하고 있었다.

녹색모자를 검색하는 순간 연관 검색어로 '여섯 생각모자'라는 것이 눈에 띄었다.

"이게 뭐지? 생각모자라……."

왠지 교수님이 말하신 것과 일치할 것 같다는 생각이 들었다.

아이디어 개발 필살기 18 여섯 생각모자

여섯 생각모자는 선택한 대안을 일상적으로 수행하는 사고방식을 벗어난 서로 다른 여섯 가지 측면에서 대안을 조명하고 분석하는 기법이다.

※ **팀 구성 및 기법 설명** : 선택한 대안을 최종분석하기 위해서 팀을 구성하고, 여섯 가지의 사고방식을 설명한다.

1. **White Hat 사고방식의 문제분석** : 이 방식은 수집된 자료를 분석해서 패턴과 인과관계를 찾아 객관적으로 문제를 분석하는 방법이다.
2. **Red Hat 사고방식의 문제분석** : 이 방식은 직감, 본능, 감정을 가지고 의사결정을 살펴보는 것이다.
3. **Black Hat 사고방식의 문제분석** : 이 방식은 의사결정의 어두운 면을 주의 깊게 보수적으로 분석하는 것이다.
4. **Yellow Hat 사고방식의 문제분석** : 이 방식은 긍정적이고, 낙관적으로 의사결정 효과와 가치를 찾아보는 것이다.
5. **Green Hat 사고방식의 문제분석** : 이 방식은 창조적인 입장에서 의사결정을 분석하는 것으로 자유롭게 사물을 분석하고, 아이디어를 냄으로써 문제해결의 범위를 넓혀주게 된다.
6. **Blue Hat 사고방식의 문제분석** : 이 방식은 프로젝트의 진행상황을 통제하는 입장에서 사물을 보는 것이다. 구체적인 아이디어가 부족하고 회의가 진행되지 않을 때 특정 정형화된 업무를 추진함으로써 해결한다.

"오호~ 이거를 말씀하신 거구나! 지금 우리에게 딱 필요한 것이네."

강 대리를 불러서 6개의 모자에 대해서 설명하고, 각 색상을 출력해서 색상과 뜻을 보면서 꼭 그 입장에만 국한되어서 생각하도록 주문하고, 질문을 만들어서 대답하고, 아이디어를 내도록 유도했다.

이렇게 정리하고 보니 무엇을 먼저 해야 할지, 우리의 생각에는 어떤 문제점이 있는지 다양한 관점이 하나씩 정리되기 시작했다. 기법을 사용하면 할수록 강 대리의 표정에는 행복한 미소가 보였다.

힐링 드링크 필요성에 관한 질문

관점	주요 질문	아이디어에 관한 의견
객관적으로 바라보기 (White Hat)	• 우리가 갖고 있는 정보는 무엇인가? • 우리는 어떤 정보를 필요로 하는가? • 우리는 어떻게 필요한 정보를 얻을 것인가?	카페인 중독과 수면장애에 대한 문제점으로 에너지 드링크의 판매가 감소될 것이다.
직감적으로 바라보기 (Red Hat)	• 아이디어들 중에서 가장 마음에 드는 것은? • 아이디어에 대한 성공가능성은?	휴식이 필요한 직장인과 수험생에게 새로운 음료가 필요하다.
비판적으로 바라보기 (Black Hat)	• 그 아이디어를 선택한다면 무슨 일이 일어날까? • 그 아이디어의 문제점은 무엇일까?	힐링 드링크가 에너지 드링크에 대한 보완방법이 되고, 에너지 드링크의 판매가 감소된다.
긍정적으로 바라보기 (Yellow Hat)	• 그 아이디어의 이점은 무엇인가? • 그 아이디어는 어떤 상황에서 가치가 있는가?	국내 최초의 힐링 음료로서 시장 선도 가능성 있다.
창조적으로 바라보기 (Green Hat)	• 새로운 아이디어는 무엇인가? • 개선방안은 무엇인가?	수면을 돕는 힐링 음료로 에너지를 주는 에너지 드링크를 함께 판매하여 고객의 생활에 편의를 돕는다.
순차적으로 바라보기 (Blue Hat)	• 어떤 순서로 모자를 쓸 것인가? • 아이디어를 추진하기 위해서 우리가 해야 할 일은?	새로운 제품을 출시하기 위해서 여론조사와 판매예측 조사가 필요하다.

#6. 가상상황에서 아이디어를 구하라

힐링 드링크를 가상으로 만들어 내다

처음 에너지 드링크의 경쟁력을 찾기 위해서 정보를 찾아보던 중 중대한 결함을 다수 발견하고, 극복하기 위해 역발상 기법을 사용하여 아이디어를 도출하였다. 업무와 놀이 중심이었던 생활에서 벗어나 개인의 건강을 위해 카페인 함량을 줄이고, 건강한 에너지를 북돋아 주는 드링크를 떠올리기 시작하여 역가정 기법을 통해서 에너지 드링크를 도와줄 수 있는 반대되는 개념인 '힐링 드링크' 아이디어를 떠올리고, 여섯 생각모자 기법을 통해서 다각도로 분석하고, 대안을 찾았다.

"윤 과장님, 이만하면 쓸 만한 아이디어는 다 도출한 것 같은데요. 생각을 정리해서 이대로 기획서 제출해도 팀장님께 칭찬받을 것 같아요."

"아무래도 현존하지 않는 새로운 개념의 음료를 만드는 것이니 내 생각에는 여러 가지 각도에서 아이디어를 더 생각해 봐야 할 것 같은데, 우리의 생각이 옳은 것인지도 궁금하고."

"역시 과장님은 프로패셔널하시네요. 그러면 어떤 방법으로 더 구체화시키고 발전시킬 수 있을까요? 말씀만 하십시오."

처음에 긴가민가한 표정으로 자신감 없이 아이디어를 내던 강 대리의 모습에서 강한 자신감과 의지가 돋보여 아이디어 개발 필살기를 아는 것에 대한 뿌듯함이 느껴졌다.

"이제는 '힐링 드링크'로 결론이 기우는 것 같으니깐 이를 현실화할 것이라고 가상하고, 문제를 해결할 수 있는 대안을 찾아서 해결하는 방법을 찾아야 할 것 같아."

"아…… 과장님 무슨 뜻인지 하나도 모르겠어요. 가상체험한다는 것인가요? 아직 없는 제품을 어떻게 실제하는 것처럼 생각해야 할지 잘 모르겠어요."

아이디어 개발 필살기 19 가상상황

가상상황은 문제와 관련한 가상상황을 설정하고, 그 속에서 문제를 해결할 수 있는 아이디어와 대안을 찾아서 현실문제를 해결하는 방법이다.

1. **문제의 정의** : 해결하고자 하는 문제를 정의한다.
2. **가상상황 설정** : 문제에 관한 가상상황을 설정한다. 하지만 가상상황이 문제와 너무 동떨어지면 안 된다.
3. **아이디어 개발** : 가상상황으로부터 새롭고 창의적인 아이디어를 찾아낸다.

"이 과정을 우리 둘이서 해결하기는 조금 어려운 것 같고, 우리 팀원들의 의견을 모으고, 모아서 해결해 보자."

창조컨설팅팀 직원 이지형 대리와 차성엽 대리, 원준희 사원과 음료사업부의 강민구 대리가 함께 회의실에 모여서 서로에 대해 짧은 인사와 모인 목적에 대해서 설명한 뒤 지금까지 도출된 아이디어를 바탕으로 '힐링 드링크'에 대한 의견을 물어보았다.

"저는 '힐링 드링크'에 대해서 긍정적으로 생각합니다. 며칠 동안 야근하고 집에 들어가면 잠을 못 자던 습관 때문인지 바로 잠이 안 올 때가 많거든요. 저한테 필요한 음료라고 생각되는데요."

원 사원의 긍정적인 이야기로 회의가 시작되었다. 허나 그 의견이 끝나기가 무섭게 이 대리의 반격이 시작되었다.

"제 생각에는 꼭 필요한 제품은 아닌 것 같은데요. 대부분의 사람들이 잠을 깨기 위한 것에 중심을 두지. 잠을 못 자는 것이 큰 문제는 아닌 것 같아서요. 만약 판매한다면 극소수가 필요한 사람들일 것 같아요."

"고객들이 필요로 하지 않을 것이라는 이야기이군. 자네는 짧은 시간에 깊은 수면을 취하기 위해서 어떤 방법을 사용하는가?"

"따뜻한 물에 샤워를 하고, 우유를 데워 먹든가 아니면 간단하게 맥주 한 잔을 하고, 잠에 들겠지요."

"그 여러 가지 방법을 사용할 필요 없이 이 음료 한 잔으로 여러 활동을 대체할 수 있다면 어때? 며칠 동안 야근하고 우유를 데우거나 맥주를 한 잔 하는 것은 무리하거나 귀찮은 행동일 수도 있잖아?"

"흠…… 귀찮을 때 찾을 수도 있겠네요. 마치 비타민 음료처럼이요."

"좋은 지적이었어. 이와 같은 방법으로 생길 수 있는 문제가 무엇일지 생각해서 적어 보자고."

힐링 드링크의 가상상황 해결방안

	문제	가상상황	예상결과	해결방안
1	힐링 드링크의 필요성	힐링 드링크가 없다면 어떻게 될까?	수면을 돕는 우유 및 알코올음료로 대체된다.	바쁜 현대인들을 위한 깊은 수면을 유도하는 물 같은 음료로 간편하게 마신다.
2	힐링 드링크의 습관성 섭취	힐링 드링크에 중독된다면 어떻게 될까?	과도 하게 깊은 잠을 자게 되어 업무에 영향을 줄 것이다.	에너지 드링크와 병행해서 이용함으로써 업무와 학업에 도움을 준다.
3	힐링 드링크의 제품 가격	힐링 드링크 가격이 너무 비싸다면 어떻게 될까?	허브 및 한방재료로 인해서 높은 가격이 예상된다.	적정한 가격대를 조사하고, 약초의 함유량을 낮춰서 가격을 조절한다.

아직 개발 중인 제품이어서 그런지 대부분 긍정적인 반응이거나 아니면 결과를 예측할 수 없는 반신반의하는 표정들을 보였다. 개발 완료된 제품이 있다면 고객들의 호기심을 불러일으켜서 돌풍을 일으킬 것이라는 의견

과 반대로 그런 제품을 고객이 원하지 않아서 찾지 않을 것이라는 의문을 남겨둔 채 강 대리는 많은 아이디어를 도출하고, 실현하였다며 창조컨설팅팀에 고마움을 감추지 못했다.

Chapter 3

다름으로부터 새로운 에너지원을 찾아내다

힐링캠프

음료계의 완벽한 '창과 방패'를 선보이며 선풍적인 인기를 끌다

4주간의 아이디어 회의가 끝난 후 음료사업부는 본사에서 철수하고, 사무실로 돌아갔다. 돌아가기 마지막 날, 강 대리는 이번 일로 팀장님께 '아이디어 뱅크'로 새로운 이미지를 구축했다며 창조컨설팅팀에 감사함을 거듭 강조했고, '힐링 드링크'는 음료 R&D팀과 제작 중에 있어서 곧 출시될 것이라고 반갑게 알려주었다.

에너지 드링크를 보완하는 아이디어 기법 사용과정

역발상		역가정		여섯 생각모자		가상상황
문제를 반대로 뒤집어서 새로운 아이디어를 찾는다.	→	문제와 관련된 가정을 반대로 만들고, 대응할 수 있는 새로운 아이디어를 찾는다.	→	선택한 대안을 서로 다른 여섯 가지 측면에서 조정하고, 분석하는 기법이다.	→	문제와 관련된 가상상황을 설정하고, 그 속에서 새로운 아이디어를 찾는다.

모든 프로젝트가 완료되고 난 지 한 달 후, 강민구 대리가 다시 연락을 했다.

"과장님, 잘 지내셨어요?"

"응! 무슨 일이야? 혹시 또 내 도움이 필요한 일이 생긴 거야?"

"아니요, 과장님 안부차 전화 드렸어요. 잘 지내시죠? 참 아마 오후쯤 에너지 드링크 두 박스 도착할 거예요. 창조컨설팅팀 모두와 같이 나누어 드세요."

"어머, 고마워. 세심한 배려 감사해요. 맛있게 잘 먹을게."

"토요일 9시쯤에 TV광고 하는데 꼭 좀 시청해 주세요. 저 팀장님이 불러서 이만 끊을게요."

오후쯤 인터넷 신문을 보니 '힐링 드링크'의 판매 주문이 폭주하고 있다는 기사가 보였고, 신기하게도 검색어 순위 상위에 랭크되어 있었다. 정식 판매가 되기도 전에 광고와 함께 고객들의 호기심을 불러일으키고 있었다. 우리 팀은 소비자의 변화에 놀라며 대화하기 시작한 지 얼마 안 되어서 사무실 내에 택배 아저씨가 큰 박스를 무겁게 들고 들어오셨다. 반가운 마음에 박스를 열어 보니 한 박스에는 '버닝 테스'가, 다른 한 박스에는 '힐링캠프'가 들어 있었다.

"과장님, 이 음료? 혹시 그때 말했던 그 음료 맞죠? 맛이 어떤지 한번 볼까요?"

"어어, 안 돼. 회사 내에서 먹으면 일하다가 곧장 잠드는 것 아냐?"

우리는 서로 한 아름씩 포장해서 집으로 가져갔고, 냉장고가 미어 터지도록 채워 넣었다.

토요일 저녁 에너지 드링크 한 병을 손에 들고, TV광고를 유심히 보고 있었다. 유명한 광고 남자 모델이 나와서 바쁜 일을 마치고 퇴근해 에너지 드링크를 마시면서 강렬한 파티를 시작하는 화끈하고, 신나게 즐기는 에너지 드링크 광고가 끝난 후 바로 이어서 지친 파티를 마치고 들어온 여자 모델이 음료를 마시고, 잠들어서 다음 날 프로패셔널하게 월요일을 시작하는 광고, 두 편으로 이루어져 있었다.

"오~ 광고 아주 세련되고, 멋있게 만들었네. 나도 이제 한 잔 마시고 행복한 깊은 잠을 청해 볼까?"

이 기발한 음료는 여름 음료업계를 강타하는 효자 품목으로 성장하였고, 각종 경쟁사에서 유사한 상품이 쏟아져 나왔다. '에너지 드링크'와 '힐링 드링크'는 창과 방패로 비유되어 소비자에게 사랑받았고, 단번에 강 대리는 음료사업부의 구원투수로 자리매김하였다. 그 일 이후로 각종 부서에서 아이디어 개발에 관한 나의 도움을 원하는 바람에 한동안은 유명세 때문에 큰 고생을 했다.

카카오톡의 성공을 이끈 3가지 역발상

모바일 메신저 카카오톡을 운영하는 카카오가 요즘 '역발상 성공스토리'로 재계에 화제가 되고 있다. 조직원의 창조적 상상력과 다른 사업과의 시너지효과 창출을 중시하는 최근 기업경영 흐름과 달리 카카오는 △상상하지 마라 △시너지효과는 마이너스다 △조직은 수시로 바꿔라 등 독특한 원칙으로 기업을 운영하고 있기 때문이다. 이석우 카카오 공동대표는 "역발상 성공스토리를 강연해 달라는 요청이 국내 대기업에서도 들어오고 있다"고 말했다.

① 상상하지 마라

카카오가 직원들에게 강조하는 제1원칙은 '상상해서 서비스를 만들지 말아라'이다. 직원들이 머릿속에서 '좋은 서비스인 것 같다'고 생각해 내놓은 상품은 거의 대부분 소비자의 외면을 받는다는 것이다. 서비스 제공자가 아니라 '사용자'의 의견과 욕구에 철저하라는 주문이다. 카카오는 이 원칙을 구현하기 위해 '사용자 100가지 기능개선 프로젝트'를 계속 진행해 왔다. 이 대표는 "카카오톡과 관련해 그동안 6만 건의 사용자 제안을 받았다"며 "사용자들의 투표를 통해 카카오톡을 순차적으로 개선해 왔다"고 말했다. 카카오 화면에 뜨는 글자 크기를 키우고, 사진 중심의 카카오스토리를 별도로 만들고, 음성통화 보이스톡 서비스를 시작한 것 등이 모두 '이용자 건의'에서 시작됐다는 것이다.

② 시너지효과는 마이너스다

이용자가 많은 정보기술(IT) 서비스에 다른 사업을 접목하면 시너지효과가 난다는 것이 통념이다. 예컨대 인터넷 포털 사이트에서 핵심인 검색기능에 쇼핑, 이메일, 커뮤니티, 광고사업, 게임 등 여러 서비스를 더하면 '1+1=3'의 효과를 낸다는 것이다. 하지만 모바일 플랫폼은 다르다는 게 이 대표의 설명이다. 이동하는 도중에 주로 사용하는 스마트폰에 정보를 많이 넣으려 했다가는 당장 소비자의 외면을 받는다는 것이다. 인터넷 포털사이트를 거치지 않고 곧바로 앱에 접속하는 스마트폰 사용자들의 성향을 생각하면 시너지효과는 '마이너스'일 때가 더 많다는 것이다. 이 대표는 "카카오톡 이후에 나온 여러 모바일 메신저들이 실패한 것은 메신저 기능에 충실하지 않고 검색이나 광고 등 다른 서비스를 끼워넣는 방식으로 시너지효과를 욕심냈기 때문"이라고 지적했다. 그는 "사진 공유 등 소셜네트워크서비스(SNS) 기능이 강한 '카카오스토리'를 카카오톡에 넣지 않고 별도로 만든 것도 카카오톡의 간결함을 유지하기 위해서였다"고 강조했다.

③ 조직은 수시로 바꾼다

이 대표는 "지난 3년간 카카오는 조직 개편을 40번 실시했다"고 말했다. 한 달에 한 번 조직을 바꾼 셈이다. 조직을 수시로 바꾼 것은 카카오가 고객의 요구에 대응하는 체제로 조직을 운영하고 있기 때문이다. 사용자들이 제안한 것 가운데 채택된 것을 곧바로 도입하려다 보니 조직을 끊임없이 바꾸게 됐다는 것이다. 조직 수시 개편에 따른 부작용에 대해서는 "직책이나 직급 대신 영어 이름으로 서로를 부르는 방식으로 해결하고 있다"고 이 대표는 설명했다. 과장이나 부장, 팀장 등 직책으로 부르면 직원들이 자신의 직책을 유지하기 위해 조직을 보호하려는 습성이 생긴다는 것이다. 이 대표는 "공동대표인 나 역시 아무런 직책 없이 비노(Vino)라 불린다"며 "김범수 의장(브라이언)이나 이제범 공동대표(제이비)도 다 영어 이름으로 호칭한다"고 덧붙였다.

자료 : 한국경제 2012. 9. 10

다른 분야에서 IDEA를 개발하라

Part 6

쿵푸팬더 : Kung Fu Panda(2008)

- 미국의 애니메이션 영화로 자이언트 팬더인 주인공 '포'가 쿵푸를 힘겹게 배우고 새로운 적들과 만나 싸우는 과정을 그린 영화이다.
- '사마귀'의 행동을 보고, '당랑권'을 만들어 내는 권법처럼 다른 분야의 행동 및 방법에서 새로운 아이디어를 구하는 방법을 이번 파트에서 배울 수 있다.

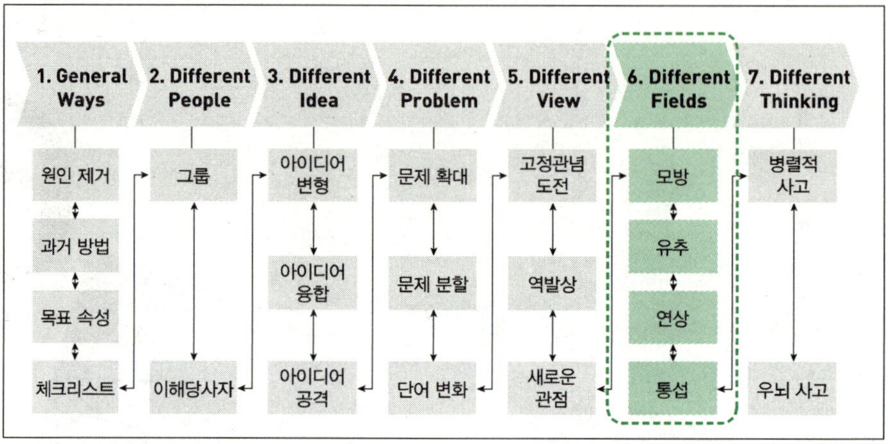

Part 6. 다른 분야에서 IDEA를 개발하라(Different Field)

Chapter 1. 다른 분야의 장점을 훔치다

#1. 인생도처 유상수이다

#2. 허브 화장품으로 해외 신시장을 개척하라

Chapter 2. 다른 분야에서 IDEA를 구하라

#3. 모방을 통해서 아이디어를 개발하라

#4. 유추하여 아이디어를 찾아라

#5. 생각을 연상해서 아이디어를 구하라

#6. 통섭으로 아이디어를 개발하라

Chapter 3. 생각의 힘을 믿다

여섯 번째 파트 이야기

회사 내에서 아이디어 뱅크라고 불리며, 스타로 떠오른 윤 과장은, 해외사업부와 경영기획부가 야심차게 추진하던 허브 화장품 영국시장 진출 프로젝트에 참여하게 되면서 다른 분야의 성공사례를 통해 기발한 아이디어를 내는데…….

과연 윤 과장은 새로운 아이디어를 통해서 신시장을 개척할 수 있을 것인가?

Chapter 1

다른 분야의 장점을 훔치다

#1. 인생도처 유상수이다

불혹의 나이 가수 '싸이'가 해외진출을 한다고?

여느 주말과 마찬가지로 늦은 오후 1시쯤 일어나서 부스스한 머리로 세수도 하지 않은 채, 자연스럽게 TV를 켜고 신나는 음악 프로그램을 보고 있었다. 안방에서 어머니가 나오시면서 말을 건넸다.

"이제 일어났니? 빨리도 일어났다. 주말에는 일찍 일어나서 운동도 하고, 친구도 만나고, 문화생활하면서 인간답게 살면 얼마나 좋니?"

엄마의 깨알 같은 잔소리를 들으며 졸린 눈 비비면서 TV시청을 하고 있는데, 가수 '싸이'가 새 앨범을 들고 등장했다. 이번에도 어김없이 우스꽝스러운 노랫말, 꽉 끼는 턱시도 복장과 따라 하기 쉬운 후크송(Hook song)

으로 당나귀 춤을 추면서 등장했다. 뮤직비디오에 요즘 잘나가는 유명 개그맨들과 함께 춤추고, 각종 재미있는 상황이 펼쳐졌다. 넋을 놓고 바라보며 웃음이 터져서 엄마의 잔소리도 잊은 채 박장대소를 했다. 내 모습을 바라보던 엄마가 어이없다는 듯이 화난 얼굴로 쏜살처럼 날아와서 내 등짝을 사정없이 때렸다.

"아아아 아야! 미안해. 미안해. 엄마 덕분에 나도 정신이 확 드네."

요즘 들어서 대세인 아이돌이나 가창력으로 승부하는 전문 가수들보다는 우스꽝스럽고, 재미있는 가사의 노래들이 좋아졌다. 지금 이 순간 재미있게 즐기고, 잊어버리는 가사의 내용들이 마음에 든다. 영화도 무거운 대작들 보다는 쉼 없이 웃기고, 시간 가는 줄 모르는 킬링타임용 영화가 더 좋아졌다. 한마디로 복잡하고, 진지한 것보다는 단순하고, 간단한 것들이 좋아졌다는 이야기이다. 요즘 젊은이들 사이에서 '귀차니즘'이라는 단어를 흔히 쓰는 것 보면 혼자만의 기호는 아닌 것 같다. 이러한 현상들로 미루어 볼 때 요새는 B급 문화가 각광받는 세상이라고 말하기도 한다.

B급 문화란?

미국에서 1930년대 경제 대공황시기에 영화계를 부흥시키기 위해서 마케팅의 일환으로 한 편 값에 두 편의 영화를 상영하면서 관객을 모았는데 한 편은 질적으로 우수한 A급 영화이고 다른 한 편은 질이 낮은 B급 영화이다.
이후 B급 영화는 저예산 영화나 질이 떨어지는 영화를 비하하는 의미로 불러오다가 1970년대 이후 영화에 대한 재조명이 시작되면서 독자적인 예술의 형식으로 인정받게 되었다.

재미있던 뮤직비디오를 감상하고 나니 호기심이 발동해서 '싸이'에 대해서 신곡을 검색하던 중 해외진출을 준비하고 있다는 기사를 발견했다. 지금까지 해외진출 대상 가수들을 보면 나이가 어린 아이돌 스타들이 대부분이었다. 한국에서 실력을 인정받고, 큰돈을 소요해서 진출했지만 실패하기

십상이었는데 불혹의 나이에 익살스러운 표정의 '싸이'가 진출한다고 하니 그를 사랑하는 팬으로서 도시락 싸들고 말려야 하는 것 아닌지 걱정이 되었다.

"해외는 아무나 진출하나? 실력이 있다고 해도 어렵지 않을까?"

#2. 허브 화장품으로 해외 신시장을 개척하라

나도 해외진출을? 드디어 세상이 나를 알아보는구나!

아침부터 다급하게 작업했던 일을 정리하고, 성과 및 2013년 한 해 전반에 대한 업무계획까지 작성해서 만반의 준비를 하고 있었다.

"아…… 매달 하는 일이지만 할 때마다 우리는 한 달 동안 많은 프로젝트와 작업들을 처리하고 있는 것 같아요. 다른 팀 대비해서 두 배의 일을 하는 것 같은데……. 각 팀에서 처리하기 어려운 일들만 모아서 해결하니까요. 이번 기회에 회장님이 연봉이나 한껏 올려주셨으면……."

"원 사원 푸념은 나중에 하자고, 오늘은 멋지게 창조컨설팅팀에서 이렇게 많은 일을 완벽하게 처리하고 있다고 홍보하자."

경영기획팀의 회의에 참가해 지난달 우리 팀 성과를 발표하고, 2013년의 한 해를 계획하는 청사진을 제시하며 보고할 때쯤 해외영업부의 구 본부장님의 목소리가 들려왔다.

"요즘 윤 과장 소문 많이 듣고 있어요. 창조컨설팅팀이 일을 잘 처리하고 있다고, 여기저기 칭찬이 자자하던데."

갑작스런 칭찬에 얼굴이 빨개져서 어깨를 으쓱하며, 칭찬과 타인의 부러운 시선을 즐기고 있었다.

"윤 과장, 자네 혹시 영어 잘하나? 이번 해외영업부에서 2013년 화장품 브랜드인 '트러스트(Trust)'의 해외시장 진출 및 아시아 지역 집중 공략 프로젝트를 계획 중인데, 창조컨설팅팀에 도움을 요청하려고 하네. 윤 과장, 괜찮겠나?"

여기저기서 웅성웅성 떠드는 소리가 들렸다. 화장품 '트러스트'의 해외 프로젝트는 이미 6개월 전부터 해외 영업부서와 경영 기획부서 내에서 야심차게 추진하고 있는 장기 프로젝트였는데 공식적으로 사람들 앞에서 업무요청을 하시다니 감개가 무량하고 한편으로는 이게 꿈이 아닌가 고민하고 있었다.

"윤 과장? 내 이야기 듣고 있어요?"

"네…… 네 저희 팀에서는 영광입니다. 한번 열심히 진행하겠습니다."

"그래요? 어디 실력 한번 봅시다. 얼마나 대단한 아이디어 뱅크인지, 뛰어난 실력으로 훌륭한 런칭을 부탁해요."

회의가 끝난 후 여전히 감격스러운 감동의 떨림을 잊을 수 없었다. 회사에서 야심차게 추진 중인 프로젝트에 참여한다는 것만으로 기분이 날아갈 듯 기뻤고, 다른 팀으로부터 인정받는 현실이 된 것이다.

몇 개월간 아이디어 개발 기법으로 프로젝트를 뜯어보고, 붙여보고, 뒤집어보고, 다양한 방법으로 문제를 해결하기 위해서 고민하고, 생각을 짜내고 비틀어보았는데 노력이 헛된 일이 아니었음을 깨달았다. 나는 '창의적 아이디어 방법론'을 통해서 점점 고수의 반열로 올라가고 있었다.

Chapter 2

다른 분야에서 IDEA를 구하라

허브의 본고장인 '영국'에서 허브 화장품을 파는 게 가능해?

달콤한 순간을 극대화하기 위해 우리들은 본업으로 돌아가서 일을 배분하며 더 큰 자신감과 성장할 기회를 얻기 위해 노력을 게을리하지 않았다.

"일단 '트러스트'에 대한 사전조사가 필요할 것 같고, 해외진출에 관련된 다른 브랜드와 회사들의 조사가 필요할 것 같아."

"네, 그럼 저랑 원 사원이 '트러스트'에 대해 해외영업팀 자료와 검색을 통해서 정리해서 보고하겠습니다."

"그래. 이 대리와 원 사원이 사전조사 부분을 맡고, 차 대리는 해외진출에 관련된 다른 브랜드 조사하는 것을 부탁할게."

몇 번의 프로젝트를 처리한 경험으로 정확히 필요한 부분만 선택해서 빠른 시간 안에 일을 마무리하고, 회의실에 모였다.

- 트러스트는 2012년 영국의 전통 허브 조제기법을 계승하여 탄생하였고, 탁월한 피부개선 효능을 가진 허브를 오랜 전통방식으로 추출한 천연성분에 오랜 전통과 깊은 피부개선 노하우를 가진 신뢰할 수 있는 제품
- 천연 유효성분과 허브 콤플렉스 등의 첨가량을 용기 앞면에 과감히 표시하여 제품 신뢰도를 높임
- 포장을 단순화하고, 용기 등을 통해 가격을 절감하여 타사 대비 합리적 가격을 고집해서 실용적인 천연 허브 화장품을 목표
- 2013년 허브의 본고장인 영국을 필두로 베트남 명품 백화점 입점계획 및 싱가포르, 홍콩 등 아시아권 선진시장까지 진출하는 것을 계획
- 경쟁제품은 자연주의를 강조하는 해외 유명 브랜드인 '오린지', '클라스', '아베'이나 여러 가지 면에서 타사 대비 월등한 조건을 가짐

"간소하게 조사한 자료로 보면 나아가야 할 방향이 딱 드러나 보이지는 않아. 영국에 대해서 시장조사도 해야 할 것 같고, 영국 소비자에 대한 정보도 필요하고, 어디서부터 시작해야 할지 손대야 할 곳이 한두 군데가 아닌데 전혀 감이 안 오네."

"아무래도 해외시장 진출은 지금까지 다루던 프로젝트에 비하면 큰일 임에는 분명하네요. 어렵게 느껴지는 것 보면, 하지만 과장님은 어떻게든 방법을 찾아주시겠죠!"

"응?! 으응. 그래 한번 우리가 머리를 맞대고 생각을 해보자."

생각만으로는 방법을 찾기가 쉽지 않아서 도움의 손길을 요청하기 위해 전화기를 꺼내 다급한 마음으로 김상수 교수님께 전화를 걸었다.

"멘토님, 잘 지내셨어요?"

"윤 과장, 요즘에 왜 이렇게 연락이 없나 궁금했네. 그리고 전에 보내준

선물은 잘 받았다네. 요즘 회사에서 크게 인정받는가 보군. 이렇게 비싼 선물을 보내다니……."

"멘토님의 가르침 덕분에 제가 이만큼 성장하고, 회사 내에서 실력을 인정받아 브랜드 해외 런칭 프로젝트에 참여하게 되어 교수님의 은혜에 더 감사드립니다."

"대단하구먼, 해외 프로젝트는 잘 진행되고 있는가?"

"사실 그게…… 생각보다 쉽지 않아서 어떤 기법을 사용해야 할지."

"무슨 윤 과장답지 않은 고민을 하고 있구먼. 해외라고 별거 있나? 지금까지 처리하며 습득했던 능력으로 처음부터 천천히 적용해 보게."

"전혀 감이 오지를 않습니다."

"문제의 모양에 속지 말게나. 본질은 항상 문제 깊숙이 숨겨 있다네. 그럼 자네를 위해 한 가지 예를 들어주지. 삼성전자가 2006년 선보인 '보르도 LCD TV'를 기억하는가? 와인 잔에서 모티브를 얻은 것이라고 하네. 처음 나왔을 때는 낯설고 파격적이라는 평이었지만 시판 여섯 달 만에 밀리언셀러(100만 대 판매 돌파)에 올랐다네. 이듬해 연간 300만 대가 팔렸다고 하네."

"아…… 와인 잔에 포도주가 조금 남아 있는 모습을 형상화한 제품 말씀이시군요."

"그렇지. 다른 분야에 있는 것들을 적용해서 새로운 것으로 만들어 보게. 다른 예로 영국 화장품 회사 '더 바디샵'은 매장 앞에 향수를 뿌려 소비자를 유도하는 '프루스트 현상(proust phenomenon, 후각적 자극을 통해 과거의 기억을 떠올리게 하는 것)'을 판매에 이용한다네. 스타벅스는 전 세계 매장에 똑같이 고른 재즈풍의 음악을 틀어 '집에 온 것처럼 편안하다'는 기억을 소비자에게 심어준다고 하네."

"주옥 같은 조언 감사드립니다. 어떻게 해야 할지 알 것 같아요."

#3. 모방을 통해서 아이디어를 개발하라

모방은 창조의 어머니이다

"다른 분야에서 새로운 아이디어를 내기 위해서는 우선 모방에 필요한 기법을 찾아보자."

책장에 꼽혀 있는 『창의적 문제해결과 의사결정』 책을 꺼내서 뒤적이며 기법의 정의를 다시 읽다가 내 눈에 문득 '벤치마킹' 기법이 띄었다.

아이디어 개발 필살기 20 벤치마킹

벤치마킹은 동종 업계나 타 업계에서 상위권에 있는 기업의 경영성과나 경영 지표를 우리 회사와 비교해서 문제와 기회를 찾아내고, 이를 해결하기 위한 방안을 수립하는 기법이다.

1. **벤치마킹 항목과 대상 선정** : 벤치마킹하고자 하는 항목을 정하고, 벤치마킹에 알맞은 대상을 선정한다.
2. **자사와 비교** : 항목별로 자사와 벤치마킹 대상을 비교하고 분석한다.
3. **문제와 기회 도출** : 비교분석을 통해서 문제와 기회를 도출한다.
4. **개선방안 수립** : 문제의 해결목표를 설정하고, 해결방안을 수립한다.

나는 핸드폰을 꺼내서 팀원들에게 카카오톡 메시지를 보냈다.

"자사 및 타사의 해외진출 성공사례를 조사해 오세요. 원가부분, 이미지부분, 기술부분으로 나누어서 찾아오세요. 내일 회의시간에 봅시다."

일단 방향을 잡았다는 안도감에 아래층 별다방으로 내려갔다. 쿠키와 커피 한 잔을 시키고, 자리에 앉아서 책을 읽는 여유를 즐겼다. 매장에 들려오는 귀에 익은 재즈 음악에 온몸의 긴장이 다 풀리는 것 같은 릴렉스한 기분을 느꼈다.

"은은한 재즈 음악과 고소한 커피향이 집에 온 듯한 착각을 불러일으키다니!"

이렇게 바쁜 프로젝트 중간에 짬을 내어서 집에 온 것 같은 휴식을 즐기고 있노라니 삶의 소소한 행복이 별다방에 있는 것 같은 생각이 들었다.

팀원들을 회의실로 모아서 어제의 사항에 대해 조사한 부분을 확인하고, 한 명씩 조사한 것에 대해서 발표하고, 화이트보드에 표를 그려 비교하기 편하도록 한 가지씩 천천히 항목에 맞춰서 작성하였다.

- 한양화장품은 2000년 인도네시아에서 런칭한 '홍삼'브랜드가 판매 3위로 현지 회사를 제외한 외국 화장품 중에서 최대의 매출을 기록. 인도네시아 시장에서 탄탄하게 자리매김할 수 있었던 배경으로는 인도네시아 국민 화장품회사인 '비너스'사와 공동으로 현지 시장분석 및 선진 유통 체계를 구축해서 원가를 절감하였으며, 연간 1~2회의 메이크업 쇼 등 각종 행사를 전개함으로써 지속적으로 시장공략을 전개한 것을 들 수 있음.
- 나모래는 미니멀리즘과 유니섹스 모드가 풍미하던 1997년 당시의 트렌드와 반대로 여성적 아름다움, 현대적 여성성을 강조하면서 프랑스에서 고급 여성향수 브랜드인 '레피카'를 출시. 당시부터 향, 용기, 이미지의 독특성 등으로 인해 시장의 집중적인 조명을 받았으며, 화장품 업계 최고 권위를 자랑하는 FAFA상 등 다수의 시상을 통해 제품력 및 마케팅을 인정받았고, 그 결과 매년 수십 종의 새로운 브랜드가 쏟아져 나와도 꾸준한 점유율을 유지함으로써 성공한 브랜드로 프랑스 시장에서 인정받고, 유명 5대 향수에 포함됨.

• P&Z의 브랜드 SH-III의 수분크림인 스트벡틴-SID는 하버드대학 연구진과 함께 개발한 특허기술 NI-11을 바탕으로 탄생됨. 핵심 성분인 NI-11와 Peptide Actives가 세포에 효과적으로 작용할 수 있도록 도와 피부 속부터 탄탄하게 차오르는 피부로 가꿔주고 주름개선, 피부 톤업 효과를 경험함으로써 전 세계 20~30대 여성들에게 10억 병 이상 판매함으로써 베스트셀러로 자리 잡음. 특히 임상실험 결과, 사용 8주 후에는 피부결 100%, 깊은 주름 25%, 피부빛이 20% 개선, 감소된 것이 입증됨.

'트러스트'의 새로운 아이디어

	벤치마킹 대상	성공요인	아이디어
1	한양화장품 '홍삼'	유통을 단순화하여 가격 절감에 성공	영국에 맞는 단순한 유통채널 구축해야 함
2	나모래 '레피카'	트렌드와 반대되는 이미지로 인기를 얻음	자연주의 화장품이면서 도시적인 이미지로 광고를 기획함
3	P&Z 'SH-III'	피부를 개선하는 물질을 개발하여 드라마틱한 효과로 성공	허브 재료와 피부개선 물질을 함유하여 피부에 효과를 주어야 함

#4. 유추하여 아이디어를 찾아라

미국으로 진출한 '싸이'의 성공요인을 분석해 보자!

첫 번째 기법을 사용하고 나니 현재 우리 제품에는 유통과 차별화방안이 필요하다는 것을 깨달았다. 성공적인 해외진출 사례를 통해서 전 세계인을 사로잡을 수 있는 아이디어를 찾아보았지만 이것만으로 확신을 가지기에 부족하다는 생각이 들었다.

늦은 시간까지 일에 몰두하다 보니 지쳐서 잠깐 차 한 잔의 여유가 절실히 중요하게 느껴졌다. 커피 한 잔을 만들고, 먹다 남은 쿠키를 먹다가 회사에 비치된 시사잡지 표지에 그려진 가수 '싸이'의 얼굴이 한눈에 들어왔다. 한국, 영국차트 1위, 빌보드 2위. 아시아 가수 최초로 영국차트 1위를 차지했으며, 한국 가수 최초로 빌보드 2위에 올랐다. 이 화려한 성적은 무려 한 달 만에 이뤄낸 쾌거로서 놀라움을 감출 수 없었다. 게다가 유튜브 공개 76일 만에 3억 뷰를 돌파했고, 유명 스타가 속해 있는 미국 메이저회사와 계약했다. 세계적인 스타들도 그의 매력에 빠졌다. 그는 인터뷰에서 "마이크 하나 쥐어주면 네 시간 동안 지지고 볶고 할 수 있다. 한국 가수가 무대에서 진짜 잘 논다는 걸 보여주고 싶다"라고 포부를 남겼다.

그리고 밖에 나가보니 모두들 '싸이'의 성공담과 왜 성공했는지를 분석하는 글 및 논의들이 한창이었다. 아마도 세계인을 매혹시킬 수 있는 성공적인 요소를 '싸이'가 찾았기 때문이 아닐까? 분명 그의 행동으로 인해 수

많은 팬들과 용기, 거기에 큰 액수의 이익까지 얻었으니 모두들 궁금해 하지 않을 수 없다.

불현듯 머릿속에 교수님이 하신 말씀이 떠올랐다. 트렌드를 읽고, 새로운 분야의 것을 배워야 한다고 하셨던 말을 기억하며 가수 '싸이'가 어떻게 전 세계적으로 유명한 가수가 되었는지 성공스토리를 모아서 표로 작성해 보았다.

싸이의 SWOT분석

Strength(강점)	Threaten(위협)
• 미국 내 인지도 확보 • 킬러 콘텐츠를 가짐 • 쉽게 모방 가능한 춤 • 강한 정신력을 가진 승부사 기질 지님	• 후속곡에 대한 위험 • 세계적인 뮤지션과 경쟁 • 영속성의 어려움
Weakness(약점)	**Opportunity(기회)**
• 한국어곡이기 때문에 이해의 어려움 있음 • 문화와 가치관의 차이	• 세계적인 제작사인 유니버셜뮤직그룹이 지원하고, 발전을 도모함 • 유튜브를 통한 인지도(미국을 포함 여러 나라에 알림) 확보

성공요인을 찾아보면 다음과 같다.

- '강남스타일'의 유머러스한 표현을 위해 코믹한 뮤직비디오 제작
- 차별화된 이미지와 말을 타는 듯한 춤동작에 무표정을 가미하여 미국식 웃음코드를 유발
- 적절한 이벤트를 통해서 노래와 춤을 공연장에서 공개
- 저작권료를 포기함으로써 각종 다양한 패러디를 촉진시킴
- 미국의 유통시장에 적합한 방법으로 공략(보통 각 주별로 가수들이 자신의 음악을 거리공연 및 유명가수 콘서트에 게스트로 출현하여 얼굴을 알리고 나중에 지상파TV에 출현하는 방법)

• 가수 '싸이'는 유튜브 공식 채널을 열어 음악을 공유, 전 세계로 전파하여 유명해지고, 지상파 TV에 출현

"그래! 이렇게 성공할 수밖에 없었던 요소들로 가득한데 이 요소가 우리 문제에 영향을 줄 수 없을까?"

아이디어 개발 필살기 21 유추

유추는 의사결정하고자 하는 문제와 전혀 다른 문제의 해를 찾아서 그 해를 의사결정하고자 하는 문제에 적용함으로써 창의적이고, 혁신적인 대안을 찾고자 하는 기법이다.

1. **문제의 정의** : 해결하고자 하는 현재의 문제를 정의한다.
2. **일상적 문제 선정 및 아이디어 개발** : 현재의 문제와 상관없는 일상적인 문제를 선정하고, 문제를 해결하기 위한 아이디어를 개발한다.
3. **현 문제에 적용** : 도출된 아이디어를 현재의 문제에 적용시켜 아이디어를 개발한다.

유추기법을 이용해서 지금까지 도출된 가수 '싸이'의 성공요소를 현재 우리의 제품인 '트러스트'에 적용하기 위해 표를 그리고, 대응방안을 적기 시작하였다.

천연 허브 화장품 '트러스트' 해외진출전략

단계	다른 문제 및 상황	해결하고자 하는 문제
1. 문제의 정의	가수 '싸이'의 해외진출전략	천연 허브 화장품 '트러스트'의 해외진출전략
2. 해결 방안	유튜브를 통해서 인지도를 높임	유튜브를 통해서 광고 및 제품에 관련된 재미있는 동영상을 올려 인지도를 높임
	차별화된 이미지인 '코믹함'을 가미	서민적인 이미지로 대중화
	저작권료를 포기하고, 패러디물을 양성하여 홍보효과 극대화함	경쟁사 대비 가격을 저렴하게 설정하여 판매 극대화함

2. 해결 방안	해당 지역에 적합한 유통시스템 적합한 마케팅 (先홍보, 後방송출연)	허브 매장 및 드럭스토어에 입점하여 자리매김
	각 매장 내 이벤트성 제품공개 및 샘플 체험	각 매장 내 이벤트성 제품공개 및 샘플 체험

몇 가지 방안을 비교함으로써 새로운 해결방안을 도출하여 표를 작성하니, 가수 '싸이'의 성공요소가 눈에 들어왔다. 우선 모든 사람이 즐거워 할 수 있는 잘 만든 노래가 기본요소를 충족하였고, 여러 번 다듬어서 흥미를 끌 만한 매력을 가지고, 세계에 알릴 수 있는 매체를 통해서 보여줬다. 모든 요소가 더해져서 가수 '싸이'가 베스트셀러로 우뚝 자리매김할 수 있었다.

천연 허브 화장품 해외진출 개선방안

1. 유튜브에 광고 및 제품 관련 동영상으로 인지도 확보
2. 경쟁사 대비 저렴한 가격으로 가격 경쟁력 가짐
3. 샘플을 대량제작하여 널리 홍보함
4. 일반 허브 매장 및 드럭스토어 및 슈퍼마켓에 입점하여 대중화함
5. 매장 내 이벤트성 제품공개 및 샘플체험 기회제공

#5. 생각을 연상해서 아이디어를 구하라

중저가 허브 화장품은 모두 저렴한 용기에 진한 허브향이라고?

아침부터 화장품사업부로 가서 '트러스트' 전 종류 제품을 모두 챙겨 와 사무실 책상에 올려두고, 팀원들을 한곳에 모았다.

"이 제품이 우리가 세계 최고의 화장품으로 만들어야 할 스타입니다. 자자, 다들 앉아서 발라보고, 찍어보고, 한번 체험들 해보세요."

사원들은 앉아서 제품 포장 용기부터 사용까지 꼼꼼하게 관찰하고, 피부에 발라서 상태를 확인하고 있었다.

"이거 완전 부드러워요. 천연 허브성분이라더니 진한 허브향과 피부에 발림성도 굉장히 좋네요."

"내용물은 천연성분이라 고급스럽고 좋은데, 용기가 얇은 플라스틱이라서 가볍고 저렴해 보이네요."

"가격은 같은 제품군 대비 저렴해서 사는 것에 무리가 가지 않네요."

"제품을 사용해 보기 전까지 저렴한 이미지 덕에 선뜻 구매의욕이 안 생길 것 같은데요."

마치 소비자의 마음에서 우러나오는 의견들이 나왔다. 우리는 경쟁제품을 확인하기 위해서 영국 화장품 온라인샵에 접속해 제품들을 확인했다. 같은 가격대의 제품들은 우리 제품과 큰 차이 없이 친환경성분을 바탕으로 저렴한 용기와 현실적인 가격으로 형성되어 있었다. '트러스트'는 영국의 트렌드를 정확하게 맞춘 'killing Product'으로 보였다.

"생각과 다르게 우리 제품이 다른 제품과 견주어서 특징이 없네. 의외로 묻히는 분위기인데."

"그러게요. 허브 화장품이 다 비슷한 느낌인 것 같아요. 차별화전략이 필요할 것 같아요."

우리의 생각을 정리하고, 어떻게 해야 할지 방법을 찾기 위해 고민하던 찰나에 교수님께서 그림 한 장을 카카오톡으로 보내주셨다. 단어 하나를 나무처럼 그려놓고 가지치기하여 여러 가지 단어들로 아이디어를 확장하는 그림이었다. 나무가 가지를 만들어 내는 것처럼 하나하나 단어에서 비롯되는 새로운 단어들로 나무가 그려 있었다.

'아이디어 나무인가?' 생각하다가 뇌구조와 비슷했던 마인드맵(mind map)이 떠올랐다.

아이디어 개발 필살기 22 마인드맵

마인드맵은 문제와 관련한 단어들을 자유롭게 나열한 다음, 이 단어들 간의 관련성을 그림으로 구조화하고, 이를 기반으로 새로운 아이디어를 개발하는 기법이다.

1. **문제의 정의 및 핵심단어 나열 :** 해결하고자 하는 현재의 문제를 정의하고, 문제와 관련된 단어들을 나열한다.
2. **단어들의 구조화 :** 문제와 관련되어 나열된 단어들을 유사한 단어들끼리 구조화하고, 그림으로 표현한다.
3. **아이디어 개발 :** 구조화된 그림을 기반으로 새로운 아이디어를 개발한다.

"다들 A4 한 장씩 들고, 제품에 녹아들어야 할 단어 및 요소들을 기입해 봐요."

"이름(Trust)에서 느껴지는 이미지가 정직, 신뢰감이 있고요."

"저는 제품 용기가 너무 가볍고 플라스틱이라서 고급스러움이 없지만 반대로 저렴하고, 편하게 사용할 수 있다는 점과 품질이 고급 화장품에 떨어지지 않다는 점이 좋게 평가됩니다."

"좋은 의견이네요. 크게 분류를 나누어서 연령층, 이미지, 가격, 기술 면에서 어떤지 작성해 봅시다."

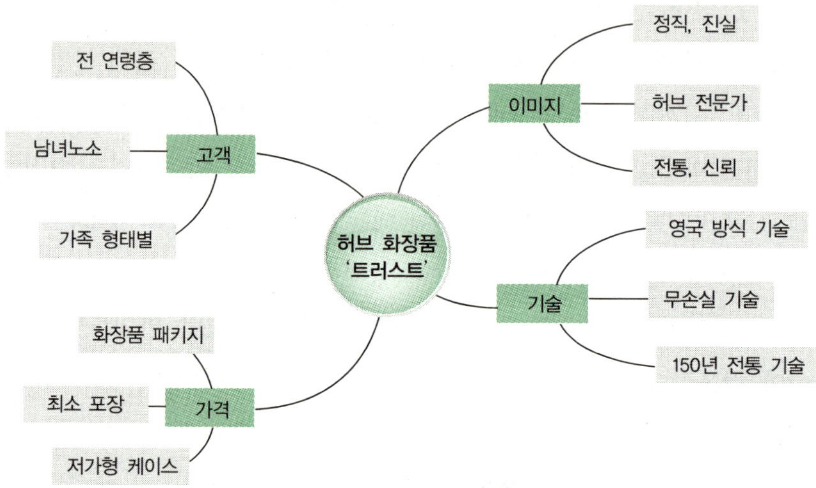

트러스트의 마인드맵

천연 허브 화장품 아이디어

1. **사용 연령대** : 남녀노소 구별 없이 사용가능한 순한 화장품임
2. **가격** : 부수적인 비용을 줄여서 합리적인 가격으로 예정함
3. **이미지** : 허브 전문가가 전통방식으로 허브를 추출하여 만든 화장품으로 진실되고 신뢰 가는 이미지를 구축함
4. **기술** : 150년 전통 영국방식을 이용하여 손실 없이 순수하게 허브를 추출하여 화장품에 담았음

#6. 통섭으로 아이디어를 개발하라

천연 화장품 매장을 개점한다고? 판매만 하면 되는 거 아니었나?

지금까지 여러 종류의 기법을 사용하여 프로젝트를 위한 아이디어를 냈고, 아이디어 개발 기법 덕분에 여러 가지 면을 고려하게 되었지만 한 가지 더 첨부해야 할 사실이 있다.

영국에서 천연 화장품 매장을 개점하고, 방문 활성화방안을 계획해야 한다. 어떻게 해야 할지 고민하던 때에 멘토님께서 카카오톡 메시지를 보냈다.

"내가 준 문제의 답을 찾았나?"

"'아이디어 나무' 그림을 저는 '생각하는 지도'로 읽었습니다. '마인드맵'을 이번 프로젝트에 사용해서 아이디어를 풍성하게 만들었습니다."

"그래? 하루하루 빠르게 의도를 정확하게 잘 잡아내는군. 이제 거의 완벽해진 것 아닌가?"

"네, 이제 해외진출에 관련된 아이디어는 적절하게 도출했는데요. 해외 로드샵 관련 활성화방안에 대해서도 해결책을 찾아야 해서요."

"그렇지! 해외진출하는 것이 전부가 아니지. 매장을 유지할 방안도 가지고 있어야지. 그럼 자네에게 힌트 한 가지를 주지. 지금 자네가 공부하고 있는 '다른 분야에서 아이디어를 구하라'는 행동을 따르는 '모방'의 과정과 비슷한 사건을 이용해서 해결하는 '유추'의 과정에서 행동을 떠올리며 '연상'하는 과정을 거쳐서 행동을 통일하고, 묶는 '통섭'의 과정으로 가고 있다네."

"아……. 그럼 '벤치마킹'이 모방의 과정이었고, '유추' 기법을 사용하고, 연상의 과정으로 '마인드맵'을 사용하였고, 이제 통섭의 과정을 거치면 되는 거네요!"

"역시 자네는 다른 사람들보다 배우는 과정이 빠르구먼. 매장 활성화 운영방안도 통섭으로 해결하는 것이 옳을 것 같은데, 마지막 단계인 '통섭'의 과정을 거쳐야겠지?"

"통섭의 과정이라……."

"줄기(통)를 잡다(섭), 즉 '서로 다른 것을 한데 묶어 새로운 것을 잡는다'는 의미로, 인문 · 사회과학과 자연과학을 통합해 새로운 것을 만들어내는 범학문적 연구를 일컫는다네. 미국의 생물학자 에드워드 윌슨(Edward O. Wilson, 1929~)이 사용한 'consilience'를 그의 제자인 이화여대 교수 최재천 씨가 번역해서 국내 '통섭'에 대한 변화의 물결을 일으켰다네.
자네 '세상에서 가장 유명한 팬더'가 누군지 아나? 그걸 알면 해결하기 쉬울 거야. 그럼 나는 업무가 있어서 이만 하겠네."

"네! 감사합니다."

인터넷 검색창에서 팬더를 검색하는데 귀여운 사진과 정보들이 너무 많아서 머리가 아파왔다. 그중 얼마 전에 엄청난 열풍을 몰고 왔던 '쿵푸팬더'가 눈에 띄었다.

"혹시 이 놈이 세상에서 가장 유명한 팬더인가?"

쿵푸팬더는 팬더의 고향인 중국이 아닌 미국에서 탄생한 중국 정통 무예를 배우는 팬더가 그 주인공이다. 전 세계적으로 5억 8천만 달러의 흥행 수익을 기록하고, 국내에서도 애니메이션 영화 중 최다관객(484만 명) 기록을 수립하였다. 흥미로운 것은 출현하는 동물들의 특징을 살린 사마귀의 당랑권이라든가 원숭이의 행동을 흉내 내 무술기법으로 승화시킨 원숭

이권, 뱀의 특징을 살린 사권 등 다양한 무술 동작들이 표현되어 있다는 것이다.

아이디어 개발 필살기 23 생물유추

생물유추는 동물 시스템과 식물 시스템에서 제품, 기능, 절차에 관한 새로운 아이디어를 얻는 방법이다.

1. **문제의 정의** : 해결하고자 하는 문제를 정의하고 문제의 기능, 원칙과 절차를 기술한다.
2. **유사 시스템 탐색** : 문제와 유사한 원칙이나 절차를 지구상의 동물 시스템이나 식물 시스템에서 찾아낸다.
3. **아이디어 개발** : 유사한 시스템에서 새로운 아이디어를 찾아낸다.

"어떤 기법인지는 알겠는데, 도대체 어떤 동식물에서 아이디어를 얻어야 하지?"

잠시의 기쁨도 사라진 채, 다시 찾아온 난관에 곰곰이 앉아서 생각을 하기 시작했다. 풀어야 할 문제는 '화장품 전문 매장에 손님들이 자주 방문하게 만드는 방법'이고, 이 문제를 동식물에서 아이디어를 얻어 적용해야 한다는 것이다.

문득 조카가 읽다가 놓고 간 식물도감, 동물도감, 곤충도감들이 눈에 보였다. 단순한 그림책이지만 여기서 아이디어를 얻을 수 있다는 생각이 들었다. "적을 부르거나, 자기편을 모으기 위해 동식물은 어떤 활동을 할까?" 라는 생각을 하며, 몇 가지 눈에 띄는 것이 있었다. 동물들이 이성을 끌어들이기 위해 이상한 소리를 내는 행동이나 지나치게 화려하게 꾸미는 행위를 하는 것, 식물들이 곤충을 통해서 자신의 개체수를 넓히는 것 같은 것들을 보며 자연의 신비로움을 배우다가 문득 손님들이 벌떼처럼 몰려왔으면 좋겠다는 생각이 들었다.

"벌떼? 아…… 벌들의 습성에서 찾으면 되겠구나!"

벌들의 특성을 하나하나 생각하며 원하고자 하는 바를 유추해 보니 새로운 아이디어가 도출되었다.

허브 화장품 매장 활성화 아이디어

단계	벌들의 특성	새로운 아이디어 유추
1. 문제의 정의	벌통에 여왕벌을 중심으로 많은 일벌들이 모여서 꿀벌을 만들어 내는 시스템	허브 화장품 전문 매장에 사람들이 자주 방문할 수 있는 방법
2. 시스템의 특징	여왕벌이 또 하나 생기면 다른 곳으로 이동하여 분봉하는 특성	친구나 지인을 통해서 구매하면 모두 다 사은품을 지급함
	일벌들이 꿀을 채취하는 특성	자주 방문하는 고객에게 마일리지를 지급함
	일벌들 간에 먹이가 있는 정보를 공유하기 위해서 춤을 추는 특성	커뮤니티 기능을 강화하기 위하여 매장 내에 사랑방을 만들고, 천연 화장품을 만드는 교육 및 정보를 공유할 수 있게 함

영국 화장품 로드샵 방문 활성화 아이디어

1. 친구나 지인을 통해 구매하면 사은품 제공함
2. 자주 방문하는 고객에게 마일리지를 지급함
3. 매장 내에 사랑방을 만들어서 천연 화장품 교육 및 정보 공유

Chapter 3

생각의 힘을 믿다

비슷하면서 다른 전략을 기획하다

해외영업부서와 경영기획부서는 지금까지 조사된 자료와 진행되고 있는 프로젝트를 설명하였다. 자신들이 추진하는 방향과 성과를 바탕으로 정리하였지만 기존의 화장품 해외진출전략과 크게 다르지 않은 모습을 보였다. 제품 '트러스트'를 위한 방안이 그 어디에도 눈에 띄지 않았다.

그와 반대로 우리 팀은 첫 번째로 '벤치마킹' 기법을 통해서 얻어진 이미지와 목표고객과 기술 및 가격을 정의 내리고, 가수 '싸이'의 성공전략에서 얻은 신선한 아이디어와 타사 해외 성공사례를 통한 아이디어를 적용하여 차별화를 주었고, 마지막으로 '생물유추' 기법을 통해서 얻어진 매장 활성화방안으로 마무리 지어서 발표했다.

허브 화장품의 해외진출 방안 기법 사용과정

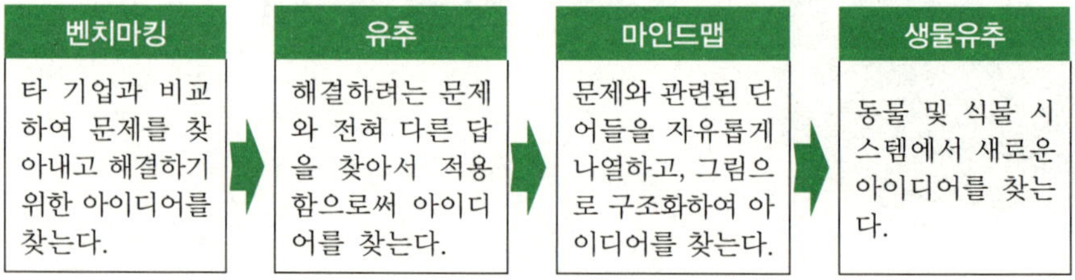

해외영업부서는 새로운 아이디어에 호기심을 가지고 지켜보며 질문을 통해서 소통하고, 부족한 점과 비현실적인 면을 수정하여 활용 가능한 방법들로 다듬었고, 경영기획팀은 근거 없는 비현실적인 방법이라며 이의를 제기하며, 반박했다.

"윤 과장님, 시도는 좋았는데 이게 가능할 것이라고 생각하세요?"

저 멀리 조동희 경영기획팀 팀장이 손을 들고 질문을 했다.

"우리의 아이디어는 실현 불가능하거나 비현실적인 생각들이 아닙니다. 충분히 지금까지도 사용되고 있는 방법들입니다. 영국에서 아직 시도되지 않았기 때문에 결과는 예측하기 어렵지만 기본에 충실한 아이디어입니다. 적극 도입되면 큰 효과를 볼 수 있을 것입니다."

사실 어느 정도의 효과가 어떻게 날지에 대해서 생각한 바는 없지만 살짝 긴장된 마음으로 강력하게 우리 팀의 아이디어를 고수했다.

우리 팀의 발표가 끝나자, 다들 논란에 휩싸였고, 대부분 '신선하다', 아니면 '검증되지 않은 방법이니 신중해야 한다' 이 두 가지 생각들로 나뉘었다. 시끄러운 상황 속에서 해외영업부 본부장님이 의견을 이야기하셨다.

"신선한 전략이 마음에 들어요. 일단은 검증된 방법들과 우리의 전략과 부합되는 것 먼저 도입하고, 몇 가지 검증이 필요한 것들은 상황에 따라서 변형하거나 아니면 과감하게 시도하는 것도 좋다는 생각이 드네요. 일단 진부하지 않은 표현들이 마음에 들어요. 생각이 나오게 된 계기들도 독특하고, 가수 '싸이'에서 유추한 방법이 특히 기발한데요."

굉장히 흡족한 표정으로 칭찬과 부족한 부분을 알려주셨다. 이제부터 마케팅팀과 해외영업부서와 함께 기획보고서에 작성한 전략들을 우선순위별로 조정하고, 시급한 방안들부터 체계적으로 세부내용을 작성하고, 보완하여 제품의 완성도를 높였다.

약 3개월 후 영국에서 허브 화장품 '트러스트'를 런칭하였고, 제품을 출시한 첫날 우리 팀은 영국의 한 허브 매장과 화장품 매장을 둘러보며 고객들의 반응을 검토했다. 이벤트 형식으로 거리 공연을 통해서 이름도 알리고, 샘플도 나누어주었다. 실제 테스트 용품을 사용하는 고객의 얼굴이 환해졌고, 저렴한 가격 탓에 쉽게 구매를 유도할 수 있었다. 유튜브를 통해서 제품사용법과 광고 및 재미있는 동영상을 올리며 브랜드를 적극적으로 홍보했다. 우리의 노력이 통했는지 첫 달에 35만 개를 판매하며 무난하게 영국 화장품업계에 자리 잡았다. 나는 이 일로 회사에서 국내외 시장을 잘 이해하고 있는 유능한 프로젝트 리더로 또한 일상생활의 순간을 포착하여 신선한 아이디어로 변형시키는 능력을 가진 기획자로 입지를 공고히 했다.

동식물은 첨단기술 아이디어의 원천

하늘 아래 새로운 것이 없다는 성경구절은 비단 책 속에만 있지 않다. 가장 새롭고 발전한 과학기술도 실은 주위에서 늘 마주치는 생물들에서 아이디어를 얻은 것이 많다. 끈적이지 않는 의료용 패치, 실로 꿰매지 않고 상처 부위에 풀처럼 바르는 수술용 접착제…. 모두 인간 손이 닿지 않은 자연 그대로 모습에서 출발한 최첨단 과학기술이다. 과학자들은 이제껏 없었던 기능을 구현하기 위해 다시 자연으로 눈을 돌리고 있다.

게코도마뱀 발… 30번씩 쓸 수 있는 파스에 적용

동남아시아 지역에서 제일 흔한 생물 중 하나가 게코(gecko)도마뱀이다. 바닥에서 슬슬 기어다니다가 사람이 다가가면 잽싸게 네 다리를 휘저으며 사라진다. 순식간에 기둥 옆으로 기어올라가거나 천장 위에 거꾸로 매달리는 도마뱀이지만, 지나간 자리에는 아무 점액도 남지 않는다. 끈적이는 액체를 내뿜으며 매달리는 달팽이 등과 달리 발에 붙은 미세한 털들을 이용하기 때문이다. 게코도마뱀 발바닥에는 길이 50~100마이크로미터(100만분의 1m)인 털들이 촘촘히 붙어 있다. 이 털들은 각기 바닥이나 천장 등 표면을 끌어당기는 힘을 가지고 있는데, 이 털 수백만 개가 모이면 도마뱀 몸무게도 지탱할 만한 접착력이 생긴다. 서갑양 서울대 기계항공공학부 교수팀은 최근 이 게코도마뱀 발바닥 구조를 이용해 피부에 잘 붙는 건식접착 패치를 개발했다. 물기나 끈끈한 접착물질 없이 건조하지만 거친 피부에도 잘 붙는다. 실리콘계 고분자로 만든 패치 접착면에 도마뱀 발의 털 역할을 하는 미세돌기를 새겨넣었기 때문이다. 이 미세돌기는 마이크로미터 단위로 조절할 수 있어 개인 피부에 맞는 맞춤형 패치를 만들 수 있다. 관절염이나 통증에 붙이는 파스, 담배를 끊을 때 쓰는 니코틴 패치 등 의료용 패치에 적용할 수 있을 것으로 보인다. 또 이 패치는 기존 의료용 패치보다 경제성도 뛰어나다. 끈끈한 접착물질을 사용해 피부에 부착한 패치는 한 번 떼어내면 접착성이 떨어져 다시 붙이기 어렵지만 서 교수팀이 개발한 건식패치는 재사용할 수 있다. 떼었다가 간단히 세척한 후 다시 붙여도 30회 이상 접착력이 유지됐다고 연구팀은 설명했다. 기존 화학물질 접착패치 대비 40% 수준인 접착력만 높이면 상용화할 수 있을 전망이다.

바위에 딱 붙는 홍합 족사는 강력접착제와 면역센서로

흔한 식재료인 홍합에도 첨단기술 원천이 숨어 있다. 세찬 파도가 아무리 몰아쳐도 끄떡없이 바위에 붙어 있는 홍합의 접착력은 하얀 실 모양 발(足絲)에서 나온다. 홍합은 딱딱한 껍데기 틈새로 하얀 실을 뿜어내는데, 이 단백질이 홍합을 바위에 단단히 고정시킨다. 차형준 포스텍 화학공학과 교수팀은 이 홍합의 접착단백질을 연구 소재로 삼았다. 차 교수팀은 유리처럼 매끄러운 표면이나 바위 같은 거친 표면에 모두 잘 붙는 홍합접착단백질을 몸속 항원과 항체를 고정시키는 고리(링커)로 개발했다. 홍합접착단백질과 항체결합단백질을 결합해 고기능성 항체 고정화용 링커를 만든 것. 우리 몸속에 침투한 병원균이나 특정 호르몬(항원)을 검사할 때는 몸속 항원과 잘 결합할 수 있는 항체를 만들어 몸속에 넣는다. 항원과 항체가 결합하면서 나타나는 반응을 보고 병에 걸렸는지 여부를 진단하는 것이다. 이때 홍합접착단백질과 항체결합단백질이 만나 만든 퓨전단백질이라는 항체가 항원을 정확한 위치에 고정시킬 수 있게 돕는다. 차 교수팀은 "이 링커가 항체를 정확한 위치에 잘 붙이게 되면 더 정확하고 더 민감한 면역센서를 만들 수 있다"고 설명했다. 임신진단용 시약이나 신종플루 감지센서가 바로 면역센서다.

나방 눈처럼 우둘투둘한 유리, 투명도 훨씬 높아

더 투명하고 매끈한 유리를 만드는 아이디어도 실험실 밖에서 얻는다. 한국기계연구원 자연모사연구실 김완두 박사팀은 나방 눈구조를 본뜬 나노구조 유리판을 개발했다. 나방 눈은 유리구슬처럼 매끈하지 않다. 나방 눈을 현미경으로 살펴보면 축구공처럼 각이 진 돌기들이 촘촘히 박혀 있다. 야행성인 나방이 어두울 때도 주위를 잘 분간할 수 있는 이유가 여기에 있다. 눈에 있는 돌기가 빛 투과율을 높여주는 것이다. 김 박사팀은 유리 표면을 깎아 100~200나노미터(10억분의 1m) 크기 돌기가 빽빽하게 들어차도록 만들었다. 이 유리판은 빛을 95%나 투과시킨다. 투과율이 88%에 불과한 일반 유리보다 7%포인트나 높다. "태양전지용 유리로 쓰면 태양전지 효율이 기존보다 10% 정도 높아질 것"이라고 내다봤다.

자료 : 매일경제 2011. 9. 22

다른 사고방식으로 IDEA를 개발하라

Part 7

반지의 제왕 : The Lord of The Rings(2001)

- 영국의 작가 톨킨의 장편소설로, 제1부 〈반지원정대〉, 제2부 〈두 개의 탑〉, 제3부 〈왕의 귀환〉 등 총 3부로 구성되어 있다.
- 반지의 제왕은 바그너의 오페라 4부작 '니벨룽겐의 반지'와 같은 북유럽 신화에 토대를 두고 '반지'의 모티브를 차용하였다.
- 예술 및 다른 사고방식에서 아이디어를 발굴하는 방법을 이번 파트에서 배울 수 있다.

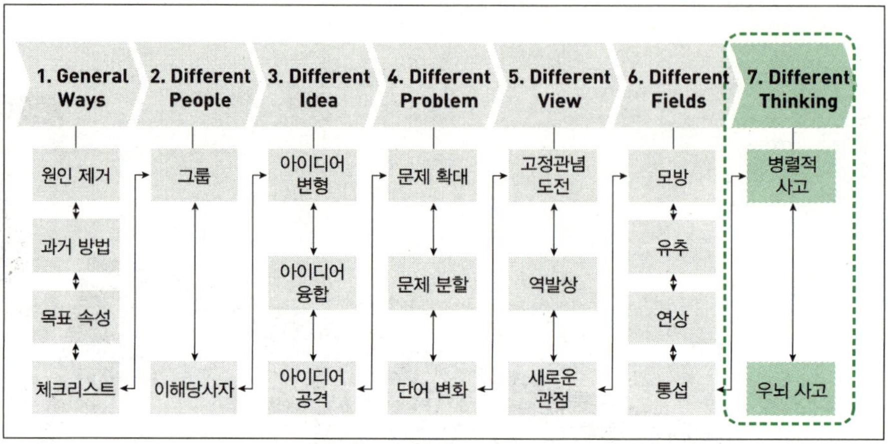

Part 7. 다른 사고방식으로 IDEA를 개발하라(Different Thinking)

Chapter 1. 예술, 새로운 트렌드를 만나다

#1. 통섭형 인재를 만나다

#2. 국민 브랜드에서 명품으로 진화하라

Chapter 2. 다른 사고방식을 통해서 IDEA를 구하라

#3. 목표를 크게 과장하라

#4. 두뇌를 스케치하다

#5. 생각 부품을 조립하라

Chapter 3. 그 누구도 생각할 수 없는 아이디어를 꿈꾸다

일곱 번째 파트 이야기

윤 과장은 기발한 생각으로 신선한 아이디어를 내며, 회사의 어려운 프로젝트를 승리로 이끌면서 타고난 아이디어로 이름을 날린다. 드디어 대표이사의 부름을 받고, 국민 화장품을 명품으로 탈바꿈해 달라는 부탁을 받게 되는데…….

과연 윤 과장은 명품으로 브랜드를 개선하라는 대표이사의 프로젝트를 성공리에 마칠 수 있을 것인가?

Chapter 1

예술, 새로운 트렌드를 만나다

#1. 통섭형 인재를 만나다

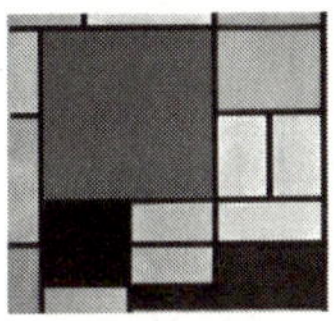

두고 봐! 이제 나도 스티브 잡스처럼 세상을 바꿀 거야

세종대왕과 정약용, 레오나르도 다빈치, 스티브 잡스의 공통점은 무엇일까? 그 시대를 대표하는 뛰어난 인재이자 반짝이는 아이디어로 새로운 기계를 만들어서 대중의 편리함과 삶의 윤택함을 도왔던 재능 있는 사람이라고 생각한다. 고작 그것만으로 전부를 표현할 수 없을 것이다. 그들은 인문과 과학, 예술까지 능통했던 통섭형 인재로 명명되는 대표적 인물이기 때문이다.

수많은 사람들이 그들을 롤 모델로 삼듯이 나도 한걸음 더 나아가기 위해서 수/금 업무가 일찍 끝나는 오후 직장동료들과의 맥주타임을 포기하고, 예술성과 창조성을 기르기 위한 문화생활을 체험 중이다. 한 달 단위로 계획을 짜서 독서 및 강연 참가와 영화감상 등 다양한 활동들로 가득 채워놓고, 수첩을 펴놓고 문화 감상문을 작성하고 있다.

이번 주의 활동으로 '스티브 잡스'에 대한 전기를 읽고 있었다. 그는 미국의 기업가이며 애플사(社)의 창업자이다. 매킨토시 컴퓨터를 선보이고 성공을 거두었지만, 회사 내부 사정으로 애플을 떠나고 넥스트사(社)를 세웠다. 그러나 애플이 넥스트스텝을 인수하면서 경영컨설턴트로 복귀했다. 애플 CEO로 활동하며 아이폰, 아이패드를 출시, IT 업계에 새로운 바람을 불러일으켰다. 이렇게 요약해서 말하면 아주 뛰어난 엔지니어나 특출한 사업수단을 가진 경영자로만 생각하겠지만 실상 그는 누구보다도 자유로운 사람이다. 다른 한쪽 면을 자세히 들여다보면 대학을 한 학기 만에 중퇴하고, 비틀즈에 광적인 마니아였으며, 젊은 시절 머리를 길게 기르고 맨발로 실리콘밸리를 돌아다니는 히피(Hippy)였다. 오죽하면 한 채널에서 스티브 잡스를 '억만장자가 된 히피'라고 부르고, 심지어 미국의 창조력은 '히피문화'에서 나온다고 말하는 책까지 등장하였다.

어떻게 해야 '스티브 잡스'처럼 뛰어난 개발자, 경영자, 디자이너가 될지 방법은 알 수 없지만 자유로운 사고와 하고 싶은 일을 하는 열정이 세상에서 가장 유명한 creative idea를 만들어 내는 것 아닐까?

그가 남긴 명언을 생각해 보면

"곧 죽게 된다는 생각은 인생에서 중요한 선택을 할 때마다 큰 도움이 된다. 사람들의 기대, 자존심, 실패에 대한 두려움 등 거의 모든 것들은 죽음 앞에 무의미해지지고, 정말 중요한 것만 남기 때문이다. 죽을 것이라는 사실을 기억한다면 무언가 잃을 게 있다는 생각의 함정을 피할 수 있다. 당신은 잃을 게 없으니 가슴이 시키는 대로 따르지 않을 이유도 없다."

자료 : 스티브 잡스의 스탠퍼드대학교 졸업식 연설(2005년)

#2. 국민 브랜드에서 명품으로 진화하라

대표이사님과의 면담? 도대체 무슨 실수를 한 거지?

힘들었던 프로젝트로 지쳐 잠에 파묻힌 채로 주말을 보내고 난 뒤 월요일 아침에 깨어보니 출근시간이 이미 30분을 넘은 상태였다.

"벌써 시간이 이렇게나."

정신이 번쩍 들어서 급하게 출근준비를 하고, 쏜살같이 사무실로 입성해서 아무렇지 않은 듯 자리에 앉는 순간 저 멀리 원 사원의 목소리가 들려왔다.

"과장님, 이제 오신 거예요?"

"어어…… 미안한데 작게 이야기해 주면 안 될까? 늦잠자서 부끄럽네만, 혹시 오늘도 조 팀장 다녀간 후는 아니지?"

"조 팀장님은 아니고요……."

"그럼 다행이네. 휴우~ 십년감수했어."

"그 대신 대표이사님 비서실에서 연락이 왔었어요."

"뭐?! 무슨 일로? 하필 내가 지각한 날이라니."

침착하게 놀란 마음을 진정하고, 전화기를 들어서 비서실로 연결했다. 대표이사님께서 나와 만나고 싶다는 이야기를 전하셨고, 스케줄을 비워놔 달라는 요청이었다. 오후에 약속을 잡고, 초조한 마음으로 전화를 끊었다.

"여러분 오늘 오후 1시부터 전체 회의실에서 대표이사님과 미팅이 있어요. 점심 먹고 회의실로 가서 준비해야 할 것 같아요."

"혹시 저희가 무슨 문제 일으켰나요?"

"그러게, 나도 무슨 상황인지 모르겠어. 공식적인 것은 대표님을 만나서 이야기해 봐야지."

회의 주제가 무엇일지 곰곰이 생각하며 초조하게 기다렸다. 대표님은 그런 우리 마음을 아시는지 아주 밝은 표정으로 들어오셨다.

"반가워요. 여러분 창조컨설팅팀 창설 이후에 미팅은 처음인 것 같은데, AG건강생활 내에 팀들이 너무 많아서 다 챙기기 힘들었어요. 요즘 창조컨설팅팀 칭찬이 자자합니다. 듣기로 이 팀에서 어려운 일을 모두 처리해 줘서 모든 부서들이 기대 이상의 효과를 내고 있다고 하던데요. 다 여러분의 노력 덕분이에요."

우리는 문제아가 아닌 선택받은 최정예 요원이었다

나와 우리 팀은 갑작스러운 칭찬에 몸 둘 바를 모르고, 해맑게 웃고 있었다. 웃음꽃도 잠시 갑자기 뜬금없는 질문을 던지셨다.

"여러분 창조컨설팅팀이 왜 생겨난 줄 아세요?"

팀원들은 순식간에 웃는 표정이 어색해질 정도로 당황한 표정으로 변했다. 대부분의 사람들이 창조컨설팅팀에 들어왔을 때 거의 대부분 적응 못 하고, 회사를 떠나는 경우가 다반사이어서 이 질문은 우리를 곤혹스럽게 만드는 이야기였다. 우리가 생각하기에 직원들이 떠나는 이유는 업무가 과도하고, 여러 부서의 다양한 일을 한꺼번에 처리하기에는 능력 이상의 노력이 필요하기 때문이다.

"창조컨설팅팀이 윤활유 같은 역할이라서 회사 내에 꼭 필요하다는 중요성에 의거해 회장님의 뜻에 따라서 만들어진 것이라 들었습니다."

"네, 아주 잘 알고 계시군요. 처음 만들어졌을 때, 각 팀에서 가장 유능한 사람들만 모아서 팀을 총괄하는 의미로 회장실 옆에 있었습니다. Creative에 뛰어난 사람들을 필두로 뽑다 보니 현실 불가능한 의견들도 많았고, 실패한 프로젝트도 많았어요.

뛰어난 사람들의 집합이다 보니 의견조정도 어렵고, 서로 쉽게 융합되지도 않았어요. 우리는 무엇이 문제인지 쉽게 알 수가 없었지요.

하지만 회장님의 우리 회사는 창조컨설팅팀 중심으로 큰 세계를 그려낼 것이라는 조언을 포기할 수 없어서 팀을 없애지도 또한 더 키우지도 못한 채 적합한 팀원을 찾을 때까지 기다리는 중이었지요"

"그럼 저희들의 선발기준은 무엇이었지요?"

너무 궁금해서 나도 모르게 질문이 새어나갔다. 팀을 소외된 아래층에 방치시켜 둔 것을 보면 키우려는 의지가 없었던 것인데 왜 우리들을 그곳으로 배치했는지 궁금해지는 대화의 연속이었다.

"첫 번째로 각 팀의 팀장님의 추천이 우선이었습니다. 두 번째로는 창의성이었고, 세 번째로는 열정이었습니다. 여러분들은 다른 사람들과 달리 선택받은 것입니다."

생각과 다른 답변에 우리는 자신감을 갖기 시작했다.

국민 화장품을 명품 화장품으로 탈바꿈하라

"이제 본론으로 들어가야 겠네요. 제가 뛰어난 여러분들을 회의실로 불러낸 것은 프로젝트를 의뢰하고 싶어서입니다.

우리 회사의 화장품 대표 브랜드인 '오힐스'가 경쟁사의 '설아수'에 비해 큰 인기를 얻지 못해서입니다. 7년 동안 굳혀진 이미지여서 변화가 쉽지 않고, 섣불리 시도했다가는 우리 제품을 사랑하는 충성고객층을 뺏기지 않을까 하는 여러 가지 고민이 많습니다. 우리의 장점을 특별히 뛰어난 장점으로 살리면서 단점을 보완하는 방안을 찾는 프로젝트를 의뢰하겠습니다.

명품 '프라다'와 '루이비통'처럼 전 세계 여성들의 마음을 흔들고, 세계 어디에 내놔도 특색이 있는 제품으로 만들어주세요."

지금까지의 프로젝트와 다르게 문제의 규모가 생각보다 크게 느껴졌다. 또한 어디서부터 손대야 할지 모르는 어려운 프로젝트라는 생각이 나를 두렵게 만들었다.

Chapter 2 다른 사고방식을 통해서 IDEA를 구하라

이미지를 바꾸는 것, 그게 가능한 이야기인가?

지금까지의 방법과 다르게 판매를 개선하거나 프로모션을 결정하는 수준의 문제가 아닌 좋은 제품을 고가의 이미지로 바꾸는 일이 우리에게 떨어졌다. 말 그대로 '명품'을 만들어 내는 것이 이번 프로젝트의 가장 중요한 문제이다.

하지만 현재까지 소유하고 있던 이미지가 있는데 어떻게 새로 주입시키는 것이 가능할지에 대한 우려와 대표님의 특별지시라는 부담감이 동시에 엄습했다.

"안되겠다. 다 같이 회의를 해봅시다."

한마디에 팀원들은 각자 생각하는 고통에서 벗어나 차라리 대화를 통해서 풀어보자는 의미심장한 표정으로 회의실에 모였다.

"일단 명품이란 무엇일까? 도대체 어떤 게 명품 화장품이야?"

"크리스찬 디올, 엘리자베스 아덴, 에스티로더, 시세이도, 랑콤 등 전 세계 사람들의 사랑을 받는 고가의 브랜드입니다."

"대부분 외국제품이네. 게다가 탄생 시점도 오래되었고. 그것 말고 또 다른 특이점 없어?"

"일단 제품의 질이 뛰어나서 충분히 입소문도 나 있고, 패키지 디자인도 고급스러워서 화장대를 비싸 보이게 만들지요."

"그리고 가장 중요한 백화점 및 면세점에서 값비싼 위치를 차지하고 있다는 것이겠지요."

"일단 우리 같은 서민이 명품을 논하려면 명품에 걸맞은 사람이 돼야겠지? 일단 백화점 명품 코너부터 구경하고, 한 가지씩 물품을 챙겨서 회의를 다시 하자."

차를 몰고 가장 가까운 백화점 1층으로 가서 화장품 코너를 천천히 돌아보며 고객들의 옷차림과 접대방식 및 대화내용을 듣고, 메모했다.

어떻게 지금 문제를 해결해야 할지, 어떤 기법을 사용해서 아이디어를 도출해야 할지 여느 때와 마찬가지로 심각한 고민에 빠져서 멍한 표정을 짓고 있었다.

"과장님, 커피 한 잔 하고, 더 찾아보는 게 좋을 것 같습니다."

"으응……. 그래, 휴식이 필요할 것 같네."

"여긴 커피숍도 고급스럽네."

정신을 차리고 주위를 돌아보니 백화점만큼이나 고풍스러운 분위기의 매장은 각종 명화가 벽에 걸려 있었다. 호텔 커피숍을 연상시킬 만큼의 클래식 음악과 진한 커피향과 멋스러운 머그잔의 그림까지 마치 다른 세계에

와 있는 것 같은 느낌이 들었다.

"그러게, 몇 개의 명화가 그 느낌을 톡톡히 살리고 있구먼."

프로젝트 주제와 가장 잘 맞아 떨어지는 장소에서 노트북을 키고, 메신저를 접속하고 보니 채팅창에 김상수 교수님의 글이 올라왔다.

할리데이비스의 엔진소리가 내 심장을 뛰게 하다

"윤 과장, 잘 살아 있나?"

"멘토님 그러지 않아도 죽을 맛이에요. 평범한 제품을 명품으로 만들라는 대표이사님의 특명이 떨어졌는데, 어떻게 해야 좋을지 좋은 아이디어가 안 떠올라요."

"그거 참 어려운 프로젝트구먼. 지금 자네에게 다른 사고방식이 필요한 것 같네. 가령 예술이나 인문학 같은 경영학과 근본이 다른 사고방식 말일세."

"네! 바로 그거에요. 어떻게 하면 다른 사고방식을 가질 수 있지요?"

"자네에게 한 가지 힌트를 주지. 전 세계의 대형 고급 모터사이클의 대명사이자 강력한 파워를 상징하는 상표인 '할리데이비스'에 대해 아는가?"

"그럼요! 미국의 상징이라고 해도 과언이 아닌걸요."

"그렇지, 그러나 처음부터 지금까지 항상 선두에 있었던 것은 아니었지. 1975년 70%에 달했던 시장점유율이 1981년 10% 이하로 곤두박질쳤다네. 외국 경쟁업체가 미국시장에 진출하면서 집중공략을 펼치고, 누구나 탈 수 있는 소형 바이크를 만들어서 싸게 팔았다네."

"흠…… 한참 질 좋고, 값싼 일본산 브랜드의 바이크가 돌풍을 몰고왔다고 들었어요."

"하지만 그들은 트렌드에 휩쓸리지 않고, 자신들만의 강점에 집중했다네. 고객들이 '나만의 모터사이클'을 갖고 싶어 하는 마음에 포착하여 매장 내에 800페이지에 달하는 부품 및 액세서리 관련 카탈로그를 비치해놓고, 자기만의 독특한 모터사이클로 개조할 수 있도록 지원해 준다고 하네."

"기발하네요! 어떻게 그런 생각을……."

"그게 다가 아니라네. '할리 사운드'라고 불리는 말발굽 소리의 배기 사운드는 흥분된 심장 박동에 비유되며, 1970년대 히피족 사이에서는 '자유의 상징'으로 인식되었다네. 자네도 한번 '할리데이비스'의 생각에서 출발해 보는 것이 어떤가? 좌뇌가 아닌 우뇌의 사고방식을 가져보게나. 예술이나 다른 분야에서 찾는 것도 한 방법이 되겠지!"

대화를 마치고, 일반 모터사이클에서 명품 모터사이클로 성장한 '할리데이비스'와 같은 생각을 어떻게 하면 떠올릴 수 있을지 고민되었다.

"어떻게 하면 우뇌의 사고를 할 수 있을까?"

#3. 목표를 크게 과장하라

목표를 확대해서 과장되게 만들어라

"오늘은 아침부터 회의하도록 합시다. 10시에 소회의실로 모이도록 하세요."

팀원들에게 공지하고, A4용지 한 묶음과 노트북을 챙겨서 회의준비를 시작했다. 쇼팽의 '즉흥환상곡'을 틀어놓고, 각자의 자리에 A4용지를 한 장씩 두었다. 맨 처음 차 대리가 들어오면서 신기하다는 듯이 표정을 지으며 말했다.

"과장님, 명품을 만들려는 우리의 프로젝트 덕에 회의 분위기가 경건하고, 고급스러워진 것 같아요. 클래식이라 너무 세련되었는데요."

"그래? 아마 오늘 회의도 질적으로 세련미가 풍부하게 넘칠 거야."

"며칠 생각하는 고통에 묻혀서 '회의'라는 말만 들어도 노이로제가 났는데요. 클래식 들으니깐 회의라는 생각이 안 들어서 좋아요."

"그럼 '회의' 아닌 격조 높고, 품위 있는 '티타임' 한번 해볼까?"

모두들 즐거운 표정으로 쿠키에 커피까지 준비해 놓고, 회의 시작을 기다렸다. 명품이 되기 위해 필요한 것을 어제 백화점에서 깨달은 바를 중심으로 한 가지씩 정리해서 적어보았는데 다음과 같이 도출되었다.

- 고급스러운 브랜드명 및 엠블렘(emblem)
- 뛰어난 효과 및 효능

- 비싼 가격
- 과시욕을 충족하는 화려한 디자인
- 오래 사용해도 질리지 않는 것
- 희귀성

"아주 대단한 눈썰미로 잘 도출한 것 같네요. 모두 촌철살인의 재주를 가지고 있네요. 명품이 되기 위한 요소들은 찾았고, 우리가 변하기 위한 목표와 조건들을 찾아봅시다."

아이디어 개발 필살기 24 목표과장

목표과장은 문제의 속성이나 목표를 확대하고, 과장해서 새로운 관점에서 아이디어를 개발하는 기법이다.

1. **문제의 목표 나열** : 해결하고자 하는 문제를 나열한다.
2. **목표의 확장** : 문제의 목표를 하나씩 확장하고 늘려간다.
3. **아이디어 개발** : 확장된 목표를 기반으로 새로운 아이디어를 자극해서 개발한다.

"먼저 명품이라면 어디에서나 눈에 띄는 희귀한 디자인의 패키지를 제공해야 한다고 생각합니다."

"오! 뛰어난 생각이야. 이 대리! 언제 어디서나 우리 제품이라는 것을 소비자가 인식할 수 있도록 디자인하는 것이 좋겠어."

"제 생각에는 소비자들이 명품 하면 가장 먼저 떠올리는 것이 다른 제품 대비 비싼 가격이라고 생각합니다."

"아! 그것도 가장 필요한 요소인 것 같아. 고급스러움을 먼저 인식하게 만드는 것은 일단 가격적인 부분인 것 같아요."

여기저기에서 중요한 생각들이 쏟아져 나왔다. 수많은 프로젝트를 거치는 동안 나뿐만 아니라 팀원들도 문제를 찾아내는 부분에서 순발력과 재치가 느껴졌다. 서로 많이 성장했다는 생각이 들어서 감동하는 찰나에 원 사원의 목소리가 들렸다.

"명품이라고 하면 깜짝 인기가 아닌 한 해를 지나 몇십 년이 지나도 사람들이 가치를 인정하고, 꾸준히 사용하는 것이라고 생각합니다."

"다들 참 정확한 문제만 딱딱 집어주네요. 오래 사용해도 꾸준한 품질이 중요한 거네요. 자! 이제 도출된 목표와 제약조건을 과장되게 확대해서 표를 작성해 봅시다."

'오힐스' 명품 화장품 개선방안

	목표와 제약조건	목표의 과장	새로운 아이디어
1	희귀한 디자인으로 제작한다.	시중에 판매되지 않는 디자인으로 제작한다.	두 가지 이상의 기능이 첨가된 복합된 상품을 출시하여 제작한다.
2	가격을 올린다.	가격을 크게 낮춘다.	가격을 낮추고, 용량도 작게 만들어서 자주 구매하게 한다.
3	한결같은 품질을 제공한다.	품질을 자주 바꾼다.	품질개선을 통해 주기적으로 변경하여 유행에 따르고, 고객의 취향에 맞춘다.

다른 사고방식으로 생각하니 생각지도 못한 부분이 보였다.

처음 희귀한 디자인을 떠올렸을 때는 유명한 디자이너의 작품이나 명화를 흉내 내는 수준의 디자인을 떠올렸지만 목표과장 기법을 통해서 복합된 새로운 제품을 만들어 내고, 그에 맞는 희귀한 디자인이 출시될 수 있는 길이 열렸다.

전자의 경우에는 유명한 디자이너의 천문학적인 제작비용과 예측하기 어려운 기대효과가 있었다면 후자의 경우는 신제품 제작과 동시에 두 가지 제품의 복합된 개성을 살릴 수 있는 기발한 디자인을 도출하였다.

아이디어의 힘이란 이런 것일까? 새로운 것을 만들게 하고, 또 효율적으로 움직이게 하는 것이 아이디어라고 생각하게 되었다.

명품 화장품 업그레이드 아이디어

1. 두 가지 이상의 기능이 첨가된 복합된 상품을 출시하여 희귀한 디자인으로 제작한다.
2. 가격을 낮추고, 용량도 적게 만들어서 자주 구매하게 만든다.
3. 품질개선을 통해 주기적으로 변경하여 유행에 따르고, 고객의 취향에 맞춘다.

#4. 두뇌를 스케치하다

내 머리에서 우아한 목소리가 들려

"아까 나온 사항들은 꼭 수정해야 하는 필수불가결한 조건들인 것 같아. 좀 더 발전된 형태의 기발한 아이디어가 필요한데."

"기술제휴 같은 건 어떨까요? 유명한 명품 화장품의 기술제휴 및 명품 브랜드 차용도 좋을 것 같습니다."

"그렇지, 고려해 볼 만한 상황인 것 같아. 하지만 뭔가 크게 부족한 것 같은데."

이렇게 앞뒤가 꽉 막힐 때는 힌트가 필요한 순간이다. 핸드폰을 꺼내서 김 교수님께 전화를 걸어서 설명하고, 다급하게 가르침을 구했다.

"내가 준 힌트를 아직 이해 못했나 보군."

"목표과장 기법을 이용해서 우리 제품에 필요한 요소를 찾았습니다. 하지만 교수님이 힌트로 주신 다른 사고방식을 이용해서 새로운 아이디어를 도출하라는 질문에 대한 명쾌한 답을 아직 찾지 못했습니다."

"이번 기법들이 지금까지의 문제들처럼 답을 정확히 산출하도록 도울 것이라고 생각했었나 보구먼. 사실 정답은 없다네. '흑묘백묘'처럼 검은 고양이든 흰 고양이든 쥐만 잘 잡으면 되는 것 아니겠나?"

대답은 하고 있었지만 알쏭달쏭한 기분을 감출 수 없어서 대답하는 목소리에는 힘이 쭉 빠져 있었다. 하긴 '영감'이라는 부분이 쉽게 도출되고, 받아들여지는 부분이라면 우리 모두 다 예술가가 될 수 있을 것이다.

"다시 한 번 기법의 힘을 빌려볼까? 우리 모두 머릿속의 생각들을 한번 밖으로 꺼내보자."

모두들 놀란 표정으로 아무 생각 안 하고 있는 자신들의 머릿속에서 더 이상 뭘 원하는 것인가 하는 눈빛으로 나를 바라보고 있었다.

아이디어 개발 필살기 25 **브레인스케칭**

브레인스케칭은 문제를 해결하는 방안을 그림으로 그린 다음, 아이디어가 담긴 그림을 다른 사람이 수정하고, 보완하여 창의적인 해결방안을 찾아내는 기법이다.

1. **문제 정의** : 5~6명으로 팀을 구성하고, 해결해야 할 문제의 특성과 목표를 이해한다.
2. **해결방안의 그림화** : 구성원들은 문제를 해결하기 위한 방안을 그림으로 스케치한다. 이 과정에서 구성원 간의 대화는 허용하지 않는다.
3. **그림의 공유와 수정** : 5~10분 후에 그린 그림을 옆의 구성원에게 넘겨주고, 구성원들은 옆의 그림을 수정하거나 추가한다.
4. **그림의 평가 및 탐색** : 문제를 해결할 수 있는 그림들을 평가한 다음에, 가장 좋은 해결방안을 선택한다.

일단 칠판에 큰 그림으로 화장품을 그리고, 그 가운데 '오힐스'라는 우리 브랜드 이름을 붙였다.

"이제부터 우리가 직접 명품을 만들 거야. 내가 큰 종이에 우리 브랜드인 '오힐스' 화장품을 그려줄 테니, 각자 돌아가면서 그림을 그려줘. 말로 표현해도 좋아. 한 명이 끝나면 옆 사람에게 넘겨주고 그렇게 해서 완성품을 보자고."

"명품 화장품이 되기 위해서 필요한 부분을 적으면 되는 거죠?"

"어떤 것이든 상관없어요. 한번 차례차례 작성해서 결과를 보도록 해요."

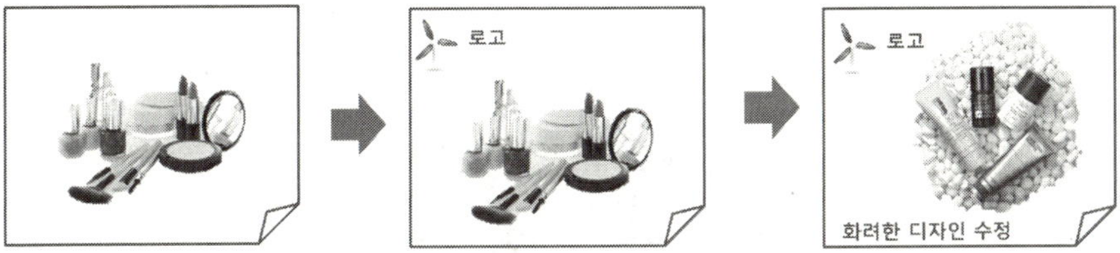

오힐스의 명품 화장품 업그레이드

고급스러운 로고와 탁월한 효능을 위한 제품개발 및 소유하고 싶게 만드는 디자인으로 변경하는 것을 우선사항으로 결정했다.

"우와! 우리 머릿속에서 이렇게 근사한 생각을 하고 있었다는 건가요?"

"이렇게 보니 진짜 명품 같아요."

다들 칭찬과 놀라움을 감추지 못하였다. 그럴 만도 한 것이 아까까지만 해도 더 이상 새로울 것이 없다며 머리를 붙잡고 고민만 하던 우리였으니 말이다.

하지만 나는 목표를 과장하고, 머릿속을 그림으로 그려도, 여기까지는 보통 제품들과 큰 차이점이 없는 평범한 제품이라고 느껴졌다. 고급스럽긴 하지만 명품이라고 불리기에는 2% 부족하다는 생각이 들었다. 기존의 이미지를 허물고, 갑자기 성능이 좋아졌다고 명품으로 불리기에는 어불성설 아닌가?

괜히 큰 특징 없이 명품으로 계획을 수정한 시점부터 갑자기 오른 가격 탓에 오히려 소비자의 외면을 받을지도 모르는 부정적인 효과가 더 클지도 모른다는 생각이 들었다.

◉ 명품 화장품 아이디어

1. 고급스러운 로고와 네이밍 변경
2. 탁월한 효능을 보유한 제품을 개발
3. 고객들의 구매욕을 불러일으키는 제품 디자인으로 수정

#5. 생각 부품을 조립하라

업무시간의 20%를 자신이 원하는 창의적인 프로젝트에 쏟아라!

기적적으로 머릿속의 그림을 그렸던 어제와 다르게 회의실을 파티 연회장처럼 꾸며놓고, 경쾌한 비틀즈의 노래를 틀어놓고, 정장에서 벗어난 자유로운 복장으로 팀원들을 회의실로 모았다. 팀원들은 내가 어디 아픈지 이상하다는 어색한 표정으로 웃으며 쳐다보고 있었다.

"과장님, 오늘 약속 있나 봐요? 분위기가 완전 다른데요."

"다들 감각이 살아 있네! 이번 프로젝트는 지금까지와 다르게 같은 분야의 제품을 모방하는 것도 아니고, 체계적으로 도출해서 활용하는 것도 아닌 자유롭게 생각하고, 예술적인 다른 차원의 요소를 가미해서 명품으로 승화시키는 방법을 찾을 거예요.

지금까지 문제에 집착하는 1차원적 수준이었다면 이제는 폭넓게 다른 분야 및 다른 음악이나 미술 또는 철학까지 고려해서 새로운 아이디어를 도출해 볼 거예요."

차 대리는 지금의 분위기가 어색한지 당황한 표정으로 질문을 했다.

"과장님, 그렇다면 어떤 것을 이야기하는 것인지, 사실 감이 오지 않아요."

"흠……. 가장 좋은 사례로 애플사의 '아이팟'이나 '아이폰'이 좋은 사례가 될 것 같아. 애플은 휴대용 MP3플레이어 시장에서 후발주자라는 약점을 가지고 있었지. 대다수의 사람들이 기술과 기계의 혁신으로 가볍고, 저렴한 제품을 원한다고 생각했지만 스티브 잡스는 사람들이 행복을 느끼는 것은 빠른 속도나 많은 기능이 아니라 아름다운 외관을 갖춘 기계를 통해서 멋진 음악을 폼 나게 들을 수 있다는 것에 가치를 두었지. 남들과 다르게 기술과 인문학을 결합하고, 예술을 통합함으로써 2000년대 아이팟은 거대한 성공을 일으켰지."

팀원들에게 추상적이지만 다소 엉뚱한 주문으로 기발한 생각을 하도록 유도한 뒤 기법을 이용해 구체적인 아이디어를 도출하기 위해 책을 샅샅이 뒤지면서 탐구했다.

모두들 이번 과제가 어려운 듯 다들 피곤한 표정으로 회의실에 모였다. 반면에 원 사원의 표정은 밝아 보였다.

"원 사원이 과제를 잘 해결했나 본데, 표정이 생각보다 아주 밝아서 먼저 검사해야겠네."

"저는 조금 다르게 생각했어요. 다른 명품 화장품보다 부족한 점을 찾으려면 분석적으로 하나하나 꼼꼼하게 확인했을 텐데, 예술적으로 생각하라는 과장님의 말을 듣고, 제품의 분석적인 면은 접어두고, 명품으로 불릴 수 있는 작품들 위주로 읽고, 그림도 감상하고, 음악도 듣고, 저는 스스로 생각하는 시간을 즐겼어요."

"아주 좋은 태도인데, 역사적인 고품질의 아이디어가 탄생하는 순간 같이 보이는구먼. 원 사원의 아이디어는 좀 있다 듣기로 하고, 각자 생각해 놓은 따끈따끈한 아이디어를 소개해 주시지요."

아이디어 개발 필살기 26 부품그림

부품그림이란 문제를 구성하고 있는 부품들의 구성요소를 찾아내고, 이를 그림으로 표현하고, 조합해서 새로운 아이디어를 만들어 내는 시각적 기법이다.

1. **문제 구성요소 나열** : 문제를 구성하고 있는 구성요소들을 찾아내고, 그룹별로 나눈다.
2. **구성요소들의 그림화** : 구성된 그룹들의 세부 구성요소를 연구하고, 이를 그림으로 표현한다.
3. **그림의 조합** : 이 구성요소를 그림으로 모아서 하나의 제품으로 조합한다.
4. **아이디어 창출** : 서로 다른 사이즈와 형태로 구성된 그림을 보고 새로운 아이디어를 만든다.

이 대리가 의미심장한 표정으로 손을 들고 자신이 생각한 명품 화장품 라인을 설명했다.

"고급스러운 제품 용기에 천연 허브와 홍삼 및 캐비어 등 값비싼 다양한 재료를 사용하여, 가격대는 20만 원대의 고가라인으로 설정한 30~40대를 위한 고급화장품입니다."

발표가 끝나기가 무섭게 여기저기에서 의견들이 쏟아져 나왔다.

"이 대리님, 원래 '오힐스'가 20~30대를 위한 화장품인데 너무 올드한 이미지로 가는 것 아닐까요? 크게 수정범위를 벗어나는 것은 안 좋을 것 같습니다."

"원래 '오힐스'가 중간 가격대로 설정된 20~30대를 위한 화장품인 것 맞지만 명품라인으로 가기 위해서는 명품에 걸맞은 구색과 효능으로 가야 한다고 생각합니다."

여기저기 흩어져 나오는 질문과 의견들을 다른 사람들의 아이디어를 들어보고 판단하기 위해서 멈추고, 차 대리의 아이디어를 듣기로 하였다.

"저는 20~30대를 목표고객층으로 줄기세포 배양을 이용하여 안티에이징효과를 주고, 보통 가격대에서 조금 높은 가격으로 설정하고, 용량을 적게 만들어서 쉽게 구매하고 자주 찾을 수 있도록 구성하였으며, 광고를 청초한 백작여인이 자연의 향기를 맡으면서 사용하는 이미지로 제품 용기와 향을 설정하였습니다."

"처음 이 대리의 기획안은 건강하고, 부유한 도시여자 이미지로 보이고, 차 대리의 기획안은 청초한 백작부인으로 잡은 것 같네. 그럼 원 사원의 이미지는 어떤지 확인해 볼까?"

두 개의 기획안 발표가 끝나고, 원 사원은 자리에서 일어나서 모 유명 핸드폰 광고의 노래를 틀면서 시작했다. 매일 새로워지는 기분의 몽환적인 광고 음악과 동영상을 보여주면서 대화를 시작했다.

"저는 발랄한 20~40대 직장여성을 타깃으로 팝아트적인 디자인의 용기와 색조라인을 강조하고, 고급스러운 제품 패키지와 트렌드에 맞는 색상과 제품으로 구성하였습니다. 현재 유명 연예인으로 광고가 제작되었는데 핸드폰 광고 같은 트렌디하고, 참신한 느낌으로 변경하여 색채를 강조한 제품 위주의 광고로 설정하였습니다.

"세 명이 구상한 이미지들이 너무 다른데, 지금까지의 이미지를 모아서 볼까?"

화이트보드 가운데에 '오힐스' 화장품의 실제 사진을 붙이고, 가격, 브랜드, 제품 디자인, 광고, 기능 및 효과, 제품 구성, 판매 매장으로 구성요소를 찾아내고, 속성에 대해서 작성했다.

오힐스의 명품 화장품 업그레이드 요소

구성 요소	가격	브랜드	제품 디자인	광고	기능 및 효과	제품 구성	판매 매장
속성	재료비	로고	색조라인	종류	주름방지	색조라인	백화점
	부수비용	이름	보습라인	기간	미백	보습라인	면세점
	판매가		기능성 라인	출연 연예인	트러블 제거	기능성 라인	온라인샵

이렇게 속성을 가진 구성요소들을 그룹별로 하나씩 배분하고, 그들을 그림으로 표현하게 하였다. 각 팀이 만든 그림을 화이트보드에 붙여서 하나의 명품 브랜드를 만들었다.

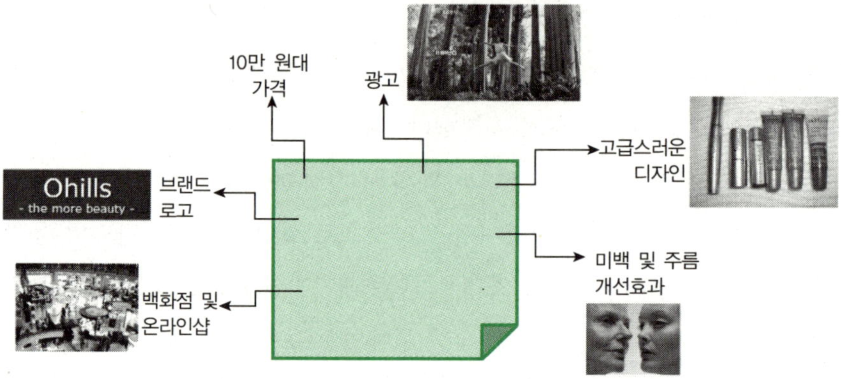

서로 치열한 의견이 오가고, 결론을 내린 기획안은 젊은 20~30대를 위한 색채를 강조한 색조화장품을 기본으로, 팝아트적인 제품 디자인으로 젊고 발랄하며 고급스러운 느낌을 주는 것이다. 게다가 다양한 고급 재료를 사용하여 미백 및 주름개선효과를 추가하여 품질 면에서도 월등한 제품으로 고가라인을 형성하였다. 광고도 유명배우 고용을 배제하고, 감성적으로 자연친화적이고, 기능과 제품과 컬러를 강조하는 것으로 기획안을 제작했다.

'오힐스'의 명품 화장품 아이디어

1. 20~30대 젊은 여성을 타깃으로 변경
2. 색채 화장품 위주로 팝아트적인 제품 디자인으로 수정
3. 고급 재료를 사용하여 미백 및 주름개선효과를 추구
4. 고급 광고모델 없이 제품과 컬러를 강조한 감성적이고 자연친화적인 광고로 수정

Chapter 3

그 누구도 생각할 수 없는 아이디어를 꿈꾸다

꿈같은 결말을 상상하다

다른 프로젝트보다 정성을 두 배로 하여서 반복에 반복을 거쳐서 수정, 보완하며 완성을 기했다. 다른 프로젝트보다 수만 배는 더 긴장하고, 진지한 마치 장인의 작업과 같은 한 땀 한 땀 정성스러운 수작업을 마친 후 몇 번의 회의를 통해서 완성도를 높였다.

"우리가 놓치고 있는 것이 있을까?"

시간의 촉박함에 있어서 놓친 것이 없는지 걱정이 되었지만, 일단 회의를 통해서 부족한 부분과 수정할 부분을 피드백 받아 보완하는 방향으로 생각하고, 마음을 비워놓았다.

준비된 회의실에는 각 팀의 대표들이 자리를 지키고 있었고, 가운데 대표이사님의 엄중한 모습이 보였다. 마치 컴퓨터 게임의 끝판왕을 만나서 마지막 관문의 경기 시작을 하고 있는 것처럼 손끝의 떨림이 느껴졌다. 보고서를 나누어 드리고, 긴장되는 발표를 시작하였다.

7년간 소비자의 사랑을 한 몸에 받고 있던, '오힐스' 브랜드에 대하여 몇 가지 고려할 사항에 대해서 제시하고, 대대적인 변화가 아닌 사소하지만 작은 차이라는 컨셉으로 변화를 시도하였다.

기존의 타 코스메틱회사와 차별되는 명품 컨셉으로 색조화장품의 라인을 강조하여 주 소비자층의 호기심을 자극하고, 젊은 세대에 맞는 색상과 이미지를 주력하는 것을 중심으로 내용을 전개하였다. 예상 광고시안과 제품 이미지 등을 보여주며 제안서를 마쳤다.

진지한 표정의 사장님의 표정에서 살짝 얄궂은 웃음이 보이더니 이내 질문을 했다.

"이렇게 생각한 근거가 뭐지요?"

"지금까지 고려된 소비자 조사와 현재 우리 제품을 애용하고 있는 고객층의 조사가 더해진 것입니다. 갑작스러운 변화가 기존 소비층에게 도리어 큰 부작용이 될 수 있기 때문입니다."

"어떻게 이런 아이디어를 얻을 수 있었지요?"

"큰 틀을 벗어나지 않는 차별화방안을 중요하게 생각했습니다. 같은 소비자로서 수없이 쏟아져 나오는 제품들이 모두 기능성 명품이라고 말하면서 하나에 수십만 원하는 크림을 자주 사용하기는 어렵습니다. 그 경쟁자들 안에서 더욱 고급스럽고, 더 나은 제품처럼 보이는 것보다 블루오션처럼 다른 종류의 제품을 더 잘 만들어서 명품화시키는 것이 오히려 더 나은 전략이라고 생각했습니다."

"으흠…… 역시 아이디어 뱅크다운 발상이군. 문제를 다양하게 생각한 흔적들이 보이는 것 같군요."

"네…… 감사합니다."

"명불허전이네요. 역시 사내에서 유명한 이유가 있었어요. 새로운 것을 시도해서 문제의 틀을 벗어나 새로운 방향을 도출했다는 것이 기발했다는 것을 칭찬해 주고 싶어요."

1차 기획안이 통과되었다. 화장품 제작팀과 몇 가지 사항을 논의한 뒤 시연 제품 제작에 들어갔다. 실제 고객들을 대상으로 FGI(Focus Group Interview)조사와 설문조사 등 다양한 방식으로 소비자를 읽고, 분석했다. 믿을 수 없는 이야기지만 고객들의 반응은 가히 폭발적이었다. 이제껏 이런 제품을 기다려오기라도 한 듯이 젊은 층의 사랑을 독차지했다. 고급스러운 제품 디자인과 뛰어난 보습력, 감각적인 광고와 비싼 가격이 더해져서 '오힐스' 파우더가 젊은 여성들의 전유물처럼 한 개씩 가방에 꼭 들어가 있는 생활필수품이 되어 버렸고, 우리가 선택한 가을시즌 컬러는 색채화장의 유행을 선도했다. 게다가 매출마저도 드라마틱하게 전년 대비 150% 성장하였고, 회사는 특별 보너스까지 지급하며 우리의 노고를 치하하였다.

나는 그 결과 스마트한 마케터이자 AG경영컨설턴트로 유명 여성잡지와 신문에 페이지를 채우면서 유명세를 떨쳤다. 지금까지의 나의 프로젝트는 교육 자료로 만들어져서 사내 신입직원들의 역량을 테스트하고, 기발한 생각을 보충하는 자료로 널리 쓰였다.

생명의 은인 같았던 김상수 교수님은 창의적인 아이디어를 개발하는 비밀 필살기를 수천 개의 기업에서 열정적으로 눈코 뜰 새 없이 강의하시면서 전국에 수백 명의 윤 과장을 양성하고 있다.

명품 화장품 아이디어 방안 기법 사용과정

목표과장	→	브레인스케칭	→	부품그림
목표를 확대하고, 과장해서 새로운 아이디어를 찾는다.	→	문제를 해결하려는 방안을 그림으로 그리고, 수정·보완하여 새로운 아이디어를 찾는다.	→	문제를 구성하는 부품들의 요소를 찾아내고, 그림으로 표현하여 새로운 아이디어를 찾는다.

기상천외 아이디어로 '버진 제국' 일군 '창조적 괴짜'

"리처드 브랜슨은 이미지의 마법사이며, 버진그룹은 롤스로이스 이후 영국이 낳은 최고의 브랜드이다." –미국 시사주간지 '타임'

'괴짜 경영자'라는 말에 이보다 더 어울리는 경영인이 또 있을까. 버진애틀랜틱, 버진블루, 버진레코드, 버진모바일, 버진콜라 등을 거느린 버진그룹의 창업자 리처드 브랜슨(63)은 자신의 회사보다 그 자신이 더 유명한 인물이다. 46억 달러의 재산을 지닌, 영국 4위의 대부호인 그의 명성은 단지 재산이나 사업 규모에서 비롯된 것이 아니다.

브랜슨 회장은 고교 중퇴 후 대학에 진학하지 않고 자수성가로 버진그룹을 일군 신화적 인물이며, 그가 창업한 회사는 한결같이 아이디어로 승부를 거는 전형적인 벤처기업이다. 그는 요트와 열기구로 대서양을 횡단하고, 나체나 여장도 서슴지 않으며 그 자신을 할리우드 스타 못지않은 유명 브랜드로 만들었다. 사업 홍보를 위한 치밀한 전략이었다.

그는 아직도 '세계적 대기업을 만들기 위해 노력한 것이 아니라 내가 좋아하고 즐거운 일을 하다 보니 어느 순간 세계적 대기업을 만들었다'는 태도를 고수하고 있다. 회사 이름을 '최초'라는 뜻이 담긴 '버진'으로 짓고, 늘 새로운 것을 시도하면서 직원들에게 '한계란 없다'고 강조하며, 놀라운 비즈니스 감각으로 성공 신화를 일군 그의 드라마 같은 삶 때문에 사람들은 그를 창의성이 넘치는 경영자로 일컫는다.

엉뚱한 아들 믿어준 어머니

브랜슨은 1950년 7월 영국 런던에서 태어났다. 할아버지는 대법관, 아버지는 변호사인 상류층 집안에서 자란 그가 고교 중퇴로 학력을 마감한 이유는 난독증 때문이다. 갖가지 괴짜 행동 때문에 사람들은 그를 매우 외향적일 것으로 여기지만, 실상 그는 수줍음이 많고 남과 잘 어울리지 못하는 성격이다. 난독증도 이와 무관하지 않다.

교육열이 높았던 그의 부모는 아들을 학비가 비싼 사립학교에 보냈지만 당연히 성적은 좋지 않았다. 하지만 브랜슨은 어릴 때부터 사업적인 감각이 뛰어났다. 16세 때는 '스튜던트'라는 잡지를 만들기도 했다. '스튜던트'는 그에게 제법 쏠쏠한 돈을 안겨줬다. 잡지에 실은 인기 음반 광고가 대성공을 거뒀기 때문이다.

그러나 이때까지만 해도 주변 사람들은 그의 미래를 우려했다. 브랜슨이 고교를 중퇴할 때 당시 교장이 그의 엉뚱한 행동과 발상을 걱정한 나머지 "넌 교도소에 가거나 백만장자가 되거나 둘 중 하나일 것"이라고 말했을 정도다.

제국의 시초, 버진레코드

이런 브랜슨을 누구보다 격려하고 지지해 준 사람은 어머니 이브였다. 어머니는 "언제나 네가 좋아하고 가장 잘할 수 있는 일을 하라"며 아들을 물심양면으로 지원했다. 브랜슨이 사업 초기

이던 1970년대 초 골치 아픈 법적 문제에 얽혀 자금난으로 고전할 때 가족 저택을 저당 잡혀 빌린 돈으로 아들의 벌금도 대신 내줬다. 어머니의 가르침은 지금껏 브랜슨의 경영철학을 지탱하는 버팀목이 됐다.

1971년 그는 이때까지 모은 돈을 털어 런던의 번화가 옥스퍼드 거리에 작은 우편주문 전용 음반 판매회사 버진레코드를 세웠다. 이 작은 가게가 40년 후 세계적 대기업의 시초가 되리라고 생각한 사람은 아무도 없었다. '버진'이라는 이름을 붙인 것은 한 직원이 "우리 회사는 사장이나 직원이나 일하는 사람이 모두 초보자이니 버진이라는 이름을 쓰면 어떨까요?"라고 제안했기 때문이다.

1972년 22세의 브랜슨은 직원들과 술집에 앉아 회의를 시작했다. 당시 15세의 음악 천재로 평가받던 마이크 올드필드를 두고 열띤 토론을 벌였다. "열다섯 살짜리가 그 모든 악기를 그토록 멋지게 연주할 수 있다니 대단하지 않아?" "그런데 음반회사들은 왜 관심이 없는 걸까. 아예 들으려고도 하지 않잖아." "그럼 우리가 직접 하자. 직접 제작사를 차려서 버진 레코드의 첫 번째 작품으로 마이크의 앨범을 발표하는 거야."

사실 직원들은 그때 브랜슨이 좀 취했다고 생각했다. 그때 버진레코드는 소규모 우편주문사업을 하고 있었을 뿐 음반을 직접 제작해 유통하자는 아이디어는 '도박'에 가까웠다. 하지만 올드필드의 앨범 '튜블러 벨스'는 5년간 음반 차트에 올라 영국에서만 200만 장 넘게 팔렸다.

브랜슨은 임차료가 싼 시골에 스튜디오를 차리고 제대로 데뷔조차 하지 않은 풋내기 음악가들에게 스튜디오를 빌려줘 연습과 작곡을 하게 했다. 대형 음반사들은 거들떠보지도 않던 기괴한 음악가들이 주요 타깃이었다. 올드필드의 대성공 이후 1970년대 펑크록 열풍을 불러일으키며 세계 음악계를 뒤흔든 섹스피스톨스, 롤링스톤스, 보이 조지, 필 콜린스, 재닛 잭슨 등과 잇따라 계약하면서 버진레코드는 세계적인 음반사로 발돋움했다. 브랜슨은 버진레코드를 1987년 주식시장에 상장했고 1992년 무려 10억 달러(약 1조 1,500억 원)를 받고 대형 음반사 EMI에 팔았다.

자료 : 신동아 2013. 8. 26. 세계경제를 움직이는 사람들

Epilogue

창의적 아이디어는 혁신에 이르는 통찰의 기술이다

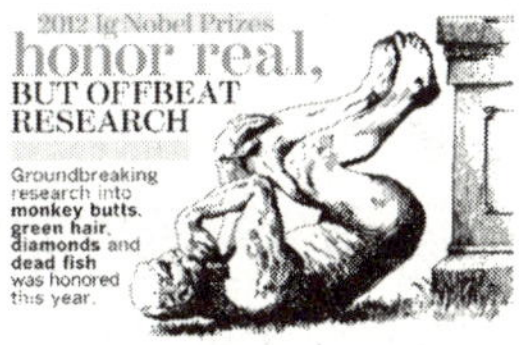

8년이 넘는 회사생활을 하면서 요즘같이 쉴 틈 없이 바쁘거나 이슈메이커가 되어서 대표이사님과 독대하며 이야기를 하던 때가 있었던가? 곰곰이 생각하고 있었다. 나는 어느 순간부터 회사 내의 창의적인 컨설턴트로 성장했고, 눈떠 보니 방송에 나올 정도로 감각 있는 화장품업계의 'Creative Director'가 되어 있었다.

위기라고 생각한 순간 상황에 맞게 형태를 변화하고, 스스로를 혁신한 결과였는지도 모른다. 이런저런 생각들로 성장한 자신을 바라보며, 오묘한 기분을 느끼고 있었다.

"윤 팀장님, 오늘 승진 기념식으로 한턱 쏘셔야지요?"

"부끄럽게 무슨 기념식이야, 그런데 오늘은 정말 급한 일이 있어서 가봐야 할 것 같은데 회식은 다음 주로 미루면 안 될까?"

"도대체 무슨 일로? 혹시 연애하세요?"
"미안하게도 그런 거 아니야, 정말로 고마운 은인들 만나러 가는 길이라서 오늘은 좀 어렵겠는데."
"아쉽지만 다음 주에 아주 성대하게 하셔야 해요."

나는 급하게 가방과 짐을 들고, 약속되어 있던 커피숍으로 찾아갔다. 그곳에 김영천 전 팀장님과 김상수 교수님이 먼저 자리에 앉아계셨다.
"빨리 온다고 왔는데, 역시 철두철미한 분들이세요."
"윤 과장, 축하하네. 아니 이제는 윤 팀장이지?"
"아이디어 필살기 7단계를 다 익히고, 승진도 하고, 이제 윤 팀장에는 '승승장구' 신나게 프로젝트를 해결할 일만 남았네?"

김 전 팀장님과 김 교수님의 농담을 들으면서 몇 개월 전에는 생각지도 못한 일들이 너무 쉽게 느껴지고 있었다. 예전에는 프로젝트의 '프'라는 단어만 나와도 꽁무니를 빼고 도망가기 일쑤였는데, 이제는 당당하게 맡아서 능숙하게 처리하고 있으니 세상이 참 많이 변했다는 생각을 할 무렵 김 교수님이 말씀하셨다.
"세상이 많이 변한 게 아니라 자네가 많이 변한 것일세."
"네?!"
"처음 날 찾아왔던 '부정적인 윤 과장'이 아니라 '창의적이고, 기발한 윤 팀장'으로 변한 거지. 자네의 변화가 모든 사람들에게 행복하고, 긍정적인 에너지를 주고 있는 거라네."
"처음 반신반의하며 부정적인 태도로 업무에 임했습니다. 점점 신선한 아이디어를 생각해 내고, 프로젝트가 긍정적으로 마무리되면서 용기를 얻었습니다. 체계적인 아이디어 개발방법을 몰랐다면 지금쯤 저는 회사를 떠나 있을지도 모르겠습니다."

기쁨의 순간을 만끽하고 있을 때, 오후에 만나기로 한 친구의 전화가 걸려왔다.

"저 혹시 소개시켜 드리고 싶은 친구가 하나 있는데. 지금 불러도 될까요?"

"친구? 혹시 남자친구인가? 일만 열심히 한 줄 알았더니 연애도 열심히 했구먼."

"그건 아니고요. 꼭 만나 뵙게 하고 싶은 친구가 있어서요."

"그래? 그럼 한번 만나보지."

저 멀리서 반가운 듯 웃으면서 조 팀장이 걸어오고 있었다. 다들 이 상황이 의아한 듯 나를 한번 쳐다보았다.

"저의 새로운 친구인데요. 한때는 라이벌로도 생각하고, 극심한 원수로도 생각했었는데. 막상 진솔하게 이야기하고, 터놓다 보니 제 상황과 현실을 가장 잘 이해하는 친구가 되어 있었습니다."

조 팀장은 멋쩍은 듯 명함을 내밀며, 밝게 인사를 나눴다.

"AG건강생활의 경영기획 조동희 팀장입니다. 선배님과 교수님 이야기를 윤 팀장을 통해서 많이 들었습니다. 가끔 업무가 막힐 때 윤 팀장하고, 상의를 했더니 교수님의 통찰력을 배워보라는 조언을 해주더라고요. 교수님, 많은 도움 부탁드립니다."

"허허. 윤 팀장이 어렵게 배웠다는 이야기를 안 했나보군. 자네는 두세 배로 힘들게 가르칠 것인데 괜찮겠나?"

"네. 각오는 되어 있습니다."

분명히 머지않아서 수백 명 수천 명의 윤 과장들이 아이디어 개발 필살기를 배우고, 신선하고 기발한 아이디어로 회사를 이끌어갈 것이다.

그때쯤 나의 이야기는 그들에게 '롤 모델(Role model)'이 되어서 어려운 시기를 견뎌내고, 새로워지는 계기가 될 것이다.

부록 | 실전 아이디어 개발 노트 기법 연습장 실습과제

단계	기법	기법의 활용 영역
Problem Itself	인과관계 다이어그램	
	베스트 프랙티스	
	속성 나열법	
	체크리스트기법	
Different People	브레인스토밍	
	브레인라이팅	
	핵심그룹 인터뷰	
	역할연기법	
Different Idea	융합과 분할기법	
	SCAMPER	
	ERRC	
	악마의 옹호자기법	
Different Problem	분할기법	
	문제범위 확대기법	
	단어 다이아몬드	
Different View	역발상기법	
	역가정기법	
	여섯 생각 모자기법	
	가상상황기법	
Different Field	벤치마킹기법	
	유추기법	
	마인드맵핑	
	생물유추기법	
Different Thinking	목표과장기법	
	브레인스케칭기법	
	부품그림기법	

1. Problem Itself

✣ 인과관계 다이어그램

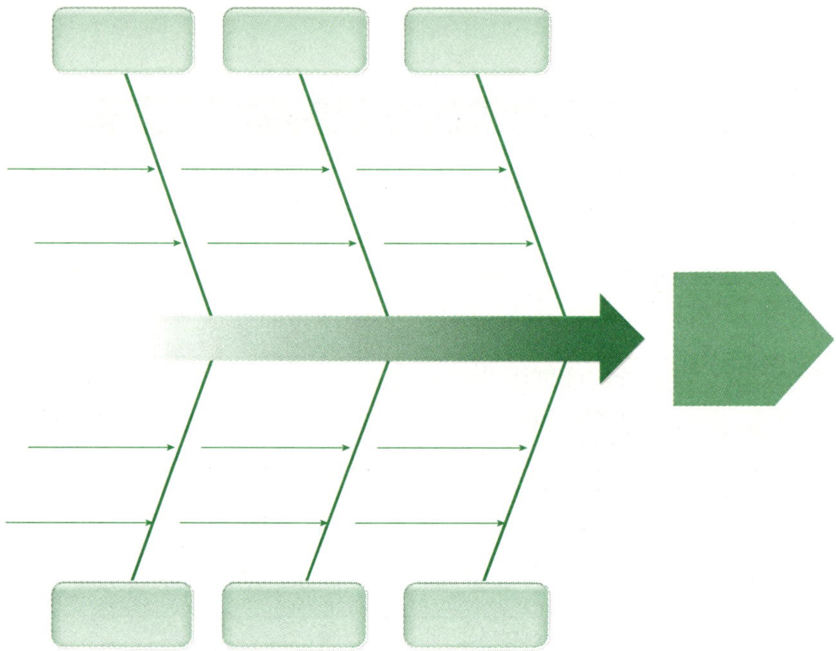

✣ 베스트 프랙티스

문제의 특성	과거 사례	새로운 아이디오
전략		
제품		
광고		
영업 및 유통		

✣ 속성 나열법

번호	주요속성	새로운 아이디오
1		
2		
3		
4		
5		
6		
7		
8		

✣ 체크리스트기법

번호	세부활동	실행계획	Check
1			
2			
3			
4			
5			
6			
7			
8			

2. Different People

✣ 브레인스토밍

문제	아이디어	아이디어의 그룹핑	

✣ 역할연기법

이해당사자	광고 및 프로모션에 대한 생각	새로운 아이디어의 예

3. Different idea

✣ 융합과 분할기법

번호	키워드	융합을 통한 아이디어	평가
1			
2			
3			
4			

번호	키워드	융합을 통한 아이디어	평가
1			
2			
3			
4			

✣ SCAMPER

번호	이이디어 개발방법	새로운 아이디어	평가
1	대체하기 (Substitute)		
2	결합하기 (Combine)		
3	적용하기 (Adapt)		
4	수정하기 (Modify)		
5	타 용도 사용하기 (Put to other uses)		
6	제거하기 (Eliminate)		
7	재배치하기 (Rearrange)		

✣ ERRC

번호	이이디어 개발방법	새로운 아이디어	평가
1	제거 (Eliminate)		
2	감소 (Reduce)		
3	감소 (Reduce)		
7	창조 (Create)		

✣ 악마의 옹호자기법

번호	문제	아이디어	악마의 공격	새로운 아이디어
1				
2				
3				
4				
5				
6				
7				

4. Different Problem

✣ 분할기법

내용 아이디어

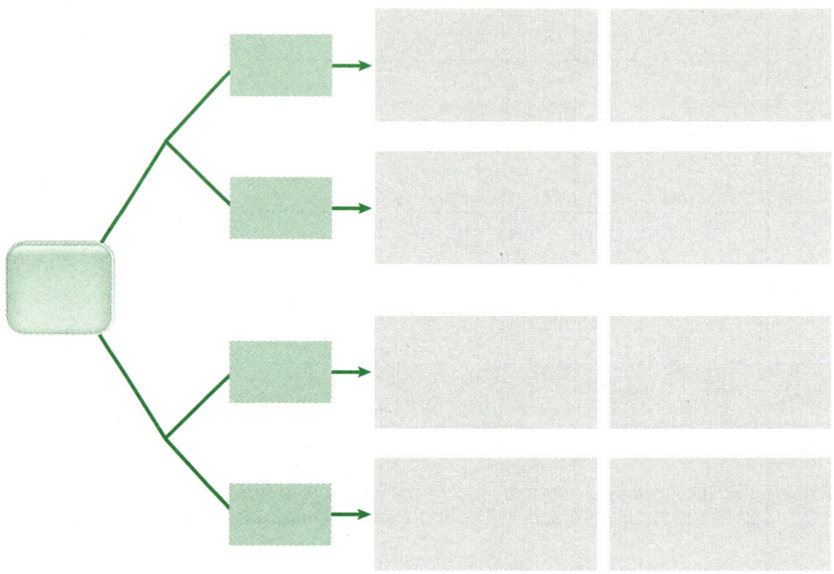

✣ 문제범위 확대기법

	초기 목표	목표의 재구성 1	목표의 재구성 2
목표			
해결방안			
관점과 프레임			

✣ 단어 다이아몬드

	네 개의 단어의 선정				

5. Different View

✢ 역발상기법

번호	현재의 아이디어	현재의 관점	반대의 관점	새로운 아이디어
1				
2				
3				
4				
5				

✣ 역가정기법

번호	가정	역가정	새로운 아이디어
1			
2			
3			
4			
5			

✣ 여섯 생각 모자기법

번호	관점	주요 질문	아이디어에 관한 의견
1	객관적으로 바라보기 (White hat)		
2	직감적으로 바라보기 (Red Hat)		
3	비판적으로 바라보기 (Black Hat)		
4	긍정적으로 바라보기 (Yellow Hat)		
5	창조적으로 바라보기 (Green Hat)		
6	순차적으로 바라보기 (Blue Hat)		

✣ 가상상황기법

번호	문제	가상상황	예상결과	해결방안
1				
2				
3				
4				
5				

✣ 벤치마킹기법

번호	벤치마킹대상	성공요인	새로운 아이디어
1			
2			
3			
4			
5			

6. Different Field

✣ 유추기법

<table>
<tr><th>번호</th><th>단계</th><th>다른 문제 및 상황</th><th>해결하고자 하는 문제</th></tr>
<tr><td>1</td><td>문제의 정의</td><td></td><td></td></tr>
<tr><td rowspan="4">2</td><td rowspan="4">해결 방안</td><td></td><td></td></tr>
<tr><td></td><td></td></tr>
<tr><td></td><td></td></tr>
<tr><td></td><td></td></tr>
</table>

✣ 생물유추기법

번호	단계	생물의 특성	새로운 아이디어 유추
1	문제의 정의		
2	시스템의 특징		

7. Different Thinking

✣ 목표과장기법

번호	목표와 제약조건	목표의 과장	새로운 아이디어
1			
2			
3			
4			
5			

✣ 부품그림기법

구성요소			
속성			

〈부품 그림그리기〉

| 저자약력 |

김상수

〈약력〉

고려대학교 산업공학과(학사)
조지아 주립대학교(경영학 석사)
조지아 주립대학교(경영학 박사)
아모레 퍼시픽 기획실(전)
경기 테크노파크 ECRC 센터장(전)
한양대학교 경영학부 교수(현)
㈜ B2L Soft 대표 이사(www.b2lsoft.co.kr)

〈주요 연구분야〉

경영 전략 시뮬레이션 게임
전략적 의사결정과 창의적 문제해결, 창조경영
경영전략, 경영혁신, 가치평가, 지식경영

〈주요 저서〉

창업을 위한 사업계획서 작성 가이드(2013)
창의적 문제해결과 의사결정(2011년)
창조 경영의 원리와 추진 전략(2008년)
위기를 기회로 바꾸는 문제 해결(2005년)
비즈니스 시뮬레이션 게임(2005년)
Excel을 활용한 경영 자료 분석(2004년)
경영학원론(2002년)

윤숙현

〈약력〉

남서울대학교 경영학사
한양대학교 경영학석사과정(경영컨설팅)
GfK Korea Marketing Researcher(전)
Cloud9 Creative Consultant(전)
(주)B2L Soft 연구원(현)

〈주요 연구분야〉

창의적 문제해결과 아이디어 개발

김영천

〈약력〉

한양대학교 경영학사
한양대학교 경영학석사(경영컨설팅)
한양대학교 경영학박사 과정(경영컨설팅)
(주)B2L Soft 책임연구원

〈주요 연구분야〉

창의적 문제해결과 의사결정
창업과 신사업기획
경영시뮬레이션게임

〈주요 저서〉

창의적 문제해결과 의사결정(김상수 공저, 도서출판 청람, 2011)
창업을 위한 사업계획서 작성 매뉴얼(김상수 외 공저, 영화조세통람, 2013)

Creative Thinker를 위한 아이디어 발상법

2013년 11월 25일 1판 1쇄 발행
2019년 1월 5일 1판 2쇄 발행

저 자 | 김상수 윤숙현 김영천
발행인 | 이수영
발행처 | 도서출판 청람
서울시 마포구 독막로 288(대흥동, 세양상가 109호)
전 화 | 02)3272-2601~2
팩 스 | 02)3272-2603
홈페이지 | www.crbooks.co.kr
이메일 | crbooks@daum.net
등 록 | 2000년 8월 26일 제6-0509호

ISBN 978-89-5972-360-7 93320 [정가 16,000원]